LES TEMPLIERS,

RECUEIL DE CHANSONS INÉDITES

PUBLIÉ PAR

LA SOCIÉTÉ LYRIQUE DES TEMPLIERS,

Paraissant par livraisons tous les quinze jours.

1ʳᵉ Livraison.

Prix: 10 centimes.

DÉPOT CENTRAL,

Chez EYSSAUTIER, Éditeur de Musique,

Passage Bourg-l'Abbé, 31.

1846.

A LA CHANSON.

AIR *des Trois Marteaux*. (Fr. Soulié.)

REFRAIN.

A nous les refrains joyeux
Et la chanson qui console ;
Fuyez, frondeurs ennuyeux
Que blesse la gaudriole.
Chanson, fille des amours,
    Reviens toujours,
Sur le chemin des douleurs
    Semer des fleurs !...

Comme un oiseau qui s'élance
Vers un ciel encor lointain,
Ah ! prends ton vol et devance
Les pas du temps incertain.
Sur les hauteurs du Parnasse,
Comme aux champs de l'infini,
Chanson, va marquer ta place ;
Aigle, va faire ton nid...
A nous les refrains joyeux, etc.

Non, la chanson n'est pas morte ;
La chanson ne peut mourir ;
C'est une femme encor forte
Que le peuple sait nourrir.
Le plaisir est son grand-prêtre,
La liberté son autel ;
C'est l'amour qui la fit naître,
Et l'amour est immortel !
A nous les refrains joyeux, etc.

Les Templiers. — 1re Livraison.

Sur la route de la vie
Éparpille tes refrains,
Toi dont la voix est bénie
Et les décrets souverains.
Pour que le peuple s'amuse,
Apprends à le récréer
Chanson, n'es-tu pas la muse
Que le peuple a su créer ?

A nous les refrains joyeux, etc.

Chantons ; à qui nous éclaire
Qu'importe un tardif autel ?
La mémoire populaire
Est un livret immortel.
Gais trouvères, joyeux bardes,
Vos noms vivront à jamais
Dans les échos des mansardes,
Dans les coupes des banquets !...

A nous les refrains joyeux, etc.

Oui, gloire à toi, muse obscure,
Toi qui n'as pas d'écusson,
Dont la tunique est de bure,
Dont la lyre n'a qu'un son !...
A toi dont la voix ne prêche
Que liberté sans combat,
Toi qui nais dans une crêche
Et qui meurs sur un grabat...

A nous les refrains joyeux, etc.

Au zéphir qui la caresse
La rose s'épanouit ;

D'un mot saturé d'ivresse
,Lisette se réjouit ;
D'un vin qui coule à la ronde
Doit jaillir la vérité ;
D'un refrain qu'on jette au monde
Peut surgir la liberté !...

A nous les refrains joyeux, etc.

Ne marchez pas en arrière,
Ne vous découragez pas ;
Templiers, dans la carrière
Vous avez fait un grand pas...
Malgré l'éclair et l'orage,
Qu'on affronte en les bravant,
Le peuple vous dit : « Courage !
» Enfants, marchez en avant ! »

A nous les refrains joyeux, etc.

Victor DRAPPIER.

LE GUIGNON.

AIR : On dit que je suis sans malice.

Comme il est certain que la vie
De peines toujours est remplie,
Moi, mes amis, je suis de ceux
Dont le destin n'est pas heureux.   *Bis.*
Tout me tourmente, tout m'accable ;
Comme le corbeau de la fable,
Tout tourne à ma confusion.
Vraiment, c'est avoir du guignon !   *Bis.*

Rêvant le bonheur en ménage,
Je fis choix d'une fille sage,
Qui, le premier jour, par pudeur,
Sut mettre un frein à mon ardeur.   *Bis.*
Le lendemain, peine cruelle,
Je surpris ma pudique belle
Lisant les œuvres de Piron.
Vraiment, c'est avoir du guignon !   *Bis.*

Pour composer une bluette,
En vain je me creuse la tête ;
Sitôt qu'un sujet m'apparait,
Par un autre je suis distrait.   *Bis.*
Dans ce cas-là comment donc faire ?
Une idée à l'autre contraire
Embrouille toujours ma chanson.
Vraiment, c'est avoir du guignon !   *Bis.*

Pour donner des soins à ma femme,
Qui semblait près de rendre l'âme,
Le médecin, qu'on amena,
Sans hésiter la condamna.   *Bis.*
Les arrêts des docteurs, dit-elle,
Sont des arrêts dont on appelle,
Et cette fois elle eut raison.
Vraiment, c'est avoir du guignon !   *Bis.*

Ayant vendu tout mon ménage,
Pour recueillir un héritage,
Qu'en province un oncle, en mourant,
M'avait légué par testament,   *Bis.*
J'appris, arrivant à Marseille,
Que le Rhône avait, dès la veille,
Emporté ma succession.
Vraiment, c'est avoir du guignon ! *Bis.*

Le cœur navré par la tristesse,
Je présumais, dans ma détresse,
Que la charité d'un prélat
Prendrait en pitié mon état :   *Bis.*
Par le récit de ma misère.
J'attendris si fort ce bon père,
Que j'eus sa bénédiction.
Vraiment, c'est avoir du guignon !   *Bis.*

Amis, il ne faut pas me plaindre.
N'ayant rien, je n'ai rien à craindre.
De mon sort la fatalité
Ne m'ôtera pas ma gaîté.   *Bis.*
Un seul fait me chagrine encore :
Vous ai-je amusé ? je l'ignore.....
En applaudissant ma chanson,
Sauvez-moi d'un dernier guignon.   *Bis.*

DESJARDINS.

LE BARDE OUVRIER.

AIR : Par des chansons ma mère m'a bercé.

Sur les vieux murs de la grande cité
Lorsque la nuit a déployé ses ailes,
L'esprit du barde errant en liberté
Croit entr'ouvrir les voûtes éternelles.
Ah ! laissez lui ses rêves consolants ;
N'étouffez pas, n'étouffez pas ses chants !

Le front penché sur un vieux manuscrit,
Miroir vivant où son âme rayonne,
Qu'entrevoit-il? un ange qui sourit,
Et l'avenir qui tresse une couronne !
Ah ! laissez-lui, etc.

Pauvre, il n'a pu prendre part aux leçons
Qu'en ses bazars débite la science ;
Mais cependant mûrissent des moissons
Sous le soleil de son intelligence !
Ah ! laissez-lui, etc.

Savants, du haut de votre piédestal,
Croyez-vous donc effaroucher sa muse?
Votre dédain orgueilleux et brutal
N'est qu'un hochet dont sa verve l'amuse !
Ah ! laissez-lui, etc.

Ce n'est qu'un fou ! dit-on de toutes parts...
Fou dévoré par l'orgueil et l'envie !
Mais, de ce fou qu'importent les écarts,
Puisque de fleurs ils parsèment la vie !...
Ah ! laissez lui ses rêves consolants ;
N'étouffez pas, n'étouffez pas ses chants !

Alexandre GUÉRIN.

LA JARRETIÈRE.

ÉNIGME.

Musique de Victor Lebour.

Vous me narguez, implacable Constance,
Pour un seul mot que je n'ai pu trouver ;
A votre tour vous perdrez patience,
Je vous le jure et tiens à le prouver.
Mon tout, c'est un objet qui s'allonge, se tire,
    Tire, tire, tire, la, la ;
Vous le savez, mais vous n'osez le dire ;
Vous connaissez ce petit objet-la,
        La la.

Cet instrument d'utilité première
Se rétrécit lorsqu'il ne fait plus rien.
Il sied surtout à la jeune rosière ;
A toute femme enfin il va fort bien.
Dès qu'on y touche il s'allonge, se tire,
    Tire, tire, tire, la, la ;
Vous le savez, mais vous n'osez le dire ;
Vous connaissez ce petit objet-là,
        La la.

Encore un mot pour éclaircir l'affaire :
Cet instrument sort des mains des amours ;

On ne le voit qu'au milieu du mystère,
Et vous, dit-on, le voyez tous les jours.
Entre vos mains avec grâce il se tire,
  Tire, tire, tire, la, la ;
Vous le savez, mais vous n'osez le dire ;
Vous connaissez ce petit objet-là,
   La la.

Pourquoi rougir et me jeter la pierre?
Je vais d'un mot vous tirer d'embarras :
Cet instrument, c'est votre jarretière ;
Tous les matins ne la voyez-vous pas ?
Mon tout, c'est donc un objet qui se tire
  Tire, tire, tire, la, la;
Vous le saviez, mais vous n'osiez le dire;
Vous connaissiez ce petit objet-là,
   La la.

Théodore PHILIPPE (de Montesson)

DJEMMA GHAZAOUAT.

AIR : Vent fatigué de souffler des tempêtes. (C. GILLE.)

Pourquoi pleurer, France toujours si belle,
Sur ton revers dans les champs africains ?
Tu vas inscrire une date immortelle,
Digne du temps des vieux républicains.
Quand au désert notre troupe aguerrie
Va récolter de douloureux lauriers,
Ne pleure pas, bonne mère patrie ;
Tes jeunes fils sont morts en vieux guerriers !..

Depuis quinze ans la victoire chemine
A côté d'eux, en leur tendant la main ;
Oran, Alger, Mazagran, Constantine,
Sont les jalons qui marquent leur chemin.
Lorsqu'il fallut marcher sur l'Algérie,
C'était à qui s'offrirait des premiers.
Alors pour toi, bonne mère patrie,
Tes jeunes fils furent de vieux guerriers...

Au temps passé la phalange romaine
A Jugurtha sut imposer ses lois.
Fut-elle aussi sublime dans sa haine
Que nos soldats qui cimentent nos droits ?...
Héros d'hier, si la horde ennemie
Les fait tomber sous les coups meurtriers,

Oh ! ne crains rien, bonne mère patrie ;
Tes jeunes fils mourront en vieux guerriers...

Ne cherchez pas, gazettes mensongères,
A nous cacher le nombre de nos morts ;
Racontez-nous, funèbres messagères,
De ces martyrs les courageux efforts.
Là bas souvent une longue agonie
Est réservée aux pauvres prisonniers;
Dignes de toi, bonne mère patrie,
Tes jeunes fils souffrent en vieux guerriers...

Si l'éclat manque aux grandes funérailles
De tes enfans qui succombent là-bas,
La mort, du moins, vieille sœur des batailles,
De l'esclavage a garanti leurs bras.
S'ils n'ont, bien loin de leur France chérie,
Pour Panthéon qu'un dôme de palmiers,
Ne pleure pas, bonne mère patrie ;
Tes jeunes fils sont morts en vieux guerriers.

Auguste LOYNEL.

LE VRAI PLAISIR.

AIR : Chantez, dansez, joyeux enfants. (BLONDEL.)

REFRAIN.

Cherchons, amis, le vrai plaisir ;
Plaisir frivole
Toujours s'envole.
Cherchons, amis, le vrai plaisir ;
Voilà notre plus doux loisir !...

Voyez sur ce riant gazon,
Pour cueillir la fleur printanière,
Se pencher la jeune bergère,
Car des amours c'est la saison !

Que cherche cette pauvre enfant ?
Un trésor caché sous la feuille ;
La marguerite qu'elle effeuille
Lui dit l'ardeur de son amant !...

Amis, notre immortel auteur,
Qui vante souvent sa Lisette,
Disait : Prenez gente fillette,
Pour boire aux sources du bonheur !...

Brûlons l'encens pour les amours,
Mais d'une inconstante maitresse ;
Fuyons l'éphémère tendresse
C'est le poison de nos beaux jours !...

Allons, poète, prends l'essor ;
Qu'un son de ta lyre naissante
Touche le cœur de ton amante ;
Ne cherche pas d'autre trésor !...

Sachons toujours vivre contents
Du peu que l'Éternel nous donne ;
La vie est belle sans couronne
On brave mieux la faux du temps !..

Enfin, pour le temps à venir,
Censervons la douce espérance ;
Viendra la fin de la souffrance ;
Je vois naître un bel avenir !...

Cherchons, amis, le vrai plaisir ;
        Plaisir frivole
        Toujours s'envole.
Cherchons, amis, le vrai plaisir ;
Voilà notre plus doux loisir !..

Georges LECREUX.

Imprimerie C. Courlet et Comp., rue du Petit-Carreau, 52.

LES TEMPLIERS,

RECUEIL DE CHANSONS INÉDITES

PUBLIÉ PAR

LA SOCIÉTÉ LYRIQUE DES TEMPLIERS,

Paraissant par livraisons tous les quinze jours.

———◦◦———

2ᵉ *Livraison*.

———

Prix: 10 centimes.

———

DÉPOT CENTRAL,

Chez **EYSSAUTIER**, Éditeur de Musique,

Passage Bourg-l'Abbé, 31.

1846.

AU VENT.

AIR: Amis du vin, de la gloire et des belles. BÉRANGER.

L'hiver a fui, les doigts de mille fées
Ont festonné mille charmantes fleurs;
De leur duvet les mésanges coiffées
Aux voix du ciel viennent unir les leurs.
Livrée aux airs, la harpe des poètes
Est suspendue aux branches des buissons.
Vent fatigué de souffler des tempêtes,
Porte aux échos nos naïves chansons.

Des exilés que reçoit l'Algérie
La gloire amie éternise les noms.
Braves enfans, servez bien la patrie ;
Ce dévoûment, nous nous en souvenons.
Près du foyer de nos modestes fêtes
Un siége est vide, et nous vous le laissons.
Vent fatigué de souffler des tempêtes,
Porte aux échos nos joyeuses chansons.

Oh ! sans pitié que dévore l'envie,
Dont l'intérêt est le seul remorqueur,
Qui n'apportez pour traverser la vie
Qu'un sac d'écus à la place du cœur,
Nous apprendrons au peuple qui vous êtes;
sait hair ceux que nous maudissons.

Les Templiers. — 2e Livraison.

Vent fatigué de souffler des tempêtes,
Porte aux échos nos railleuses chansons.

Tout noble cœur s'émeut des douleurs saintes,
Et, citoyens autant que chansonniers,
Des opprimés poétisons les plaintes,
Dont la clameur monte vers nos greniers.
Pour alléger en passant sur leurs têtes
Le joug de fer que tous nous subissons,
Vent fatigué de souffler des tempêtes,
Porte aux échos nos civiques chansons.

De nos *Solons* sachant la petitesse,
Nous attendons le grand jour du réveil,
En demandant quand la vieille Lutèce
Célébrera sa fête du soleil.
De l'avenir nous révons les conquêtes ;
Ce but sacré fait que nous renaissons.
Vent fatigué de souffler des tempêtes,
Porte aux échos l'espoir de nos chansons.

Charles GILLE.

ÉLOGE DE MA FEMME.

AIR : Bonjour, Cécile, me voilà.. E Petit.

Jacquot, mon gentil perroquet,
Que j'achetai de confiance,
Loin de briller par son caquet,
Est, je crois, muet de naissance.
De mes jurons, pour l'enjoler,
En vain j'épuise le programme :
Le drôle ne veut point parler...
C'est le contraire de ma femme.

Mon père en mourant m'a laissé
Quatre arpens de vigne stérile ;
Longtemps à tort j'ai dépensé
Mes soins pour la rendre fertile.
Tous les ans un moutard me vient
Du ciel sans que je le réclame.
Si ma vigne ne produit rien,
C'est le contraire de ma femme.

Selon notre Ancien Testament,
Au temps passé l'obéissance
Etait le plus bel ornement
Du sexe ennemi du silence.
Alors, c'était pour un mari,
Un heureux temps je le proclame,

On le laissait maître chez lui...
C'est le contraire de ma femme.

Voisin, qu'as-tu donc ce matin ?
— Je viens de soigner mon épouse,
Qui m'a traité de libertin ;
Tu sais combien elle est jalouse.
— Heureux coquin, dis-je entre nous;
Ta moitié, redoutant le blâme,
Sans riposter reçoit les coups;
C'est le contraire de ma femme.

En cachette de l'ennemi,
Un soir, près de jeune conquête,
Ne voulant rien faire à demi,
Vins choisis furent de la fête.
Mais, en véritable étourneau,
J'en fus pour mes frais, car la dame
Ne voulut boire que de l'eau :
C'est le contraire de ma femme.

J'ai certain vin dans mon cellier
Dont l'âge est assez respectable.
Aux grands jours, loin de l'oublier,
Sa présence honore ma table.
Son âge n'est point un défaut;
Vieux vin souvent rajeunit l'âme ;
Plus il vieillit et mieux il vaut...
C'est le contraire de ma femme.

Auguste LOYNEL.

LES BANCS DE L'ÉCOLE.

CHANSON DÉDIÉE A MON AMI ANATOLE DEHEURLES.

AIR : Allez cueillir des bluets dans les blés.

Il faut enfin que j'acquitte ma dette;
Mon luth, ami, te doit bien quelques chants.
J'entends déjà babiller ma musette
Au souvenir de nos premiers beaux ans.
Ah ! qu'il est doux, quand un rêve s'envole,
De voir passer l'ombre de ses beaux jours !
Comme autrefois sur les bancs de l'école,
Causons encore, ami, causons toujours.

Te souvient-il de maint enfantillage,
Pendant ces jours où fuyant les leçons,
Petits oiseaux échappés de la cage,
Nous faisions guerre aux hôtes des buissons?
Que notre joie était naïve et folle !...
Rien ne semblait devoir froisser son cours.
Comme autrefois, etc.

Te souvient-il que, cherchant le silence,
Je me plaisais à rêver bien souvent ?
On m'accusait alors de nonchalance;
On disait même : Il est sombre et méchant.

J'en soupirais, mais ta douce parole
Me rassurait par mille heureux détours.
Comme autrefois, etc.

Te souvient-il de ce jour d'allégresse
Où tous les ans, désireux écoliers,
Le cœur remplit d'une brûlante ivresse,
Nous moissonnions de modestes lauriers ?
Alors, plus fiers que les braves d'Arcole,
Nous frissonnions au salut des tambours !...
Comme autrefois, etc.

Te souvient-il ?... Mais le sort nous sépare,
Et nous voilà l'un pour l'autre perdus ;
Puis un destin de faveurs moins avare
Bénit nos vœux qu'il a tous entendus !
Je te retrouve, ange qui nous console ;
Sainte amitié, viens refleurir mes jours !
Comme autrefois sur les bancs de l'école,
Causons encore, ami, causons toujours.

Alexandre GUÉRIN.

UNE COURTISANE.

Air : Allons-nous-en, gens de la noce.

Je veux, ainsi qu'une princesse,
Des honneurs, de brillants atours,
Et dans le château d'une altesse
Passer gaîment quelques beaux jours ;
Je veux, en sortant de la foule,
Partout afficher mon bonheur.
  Ah ! quel honneur ! *Bis.*
Voyez mon carrosse qui roule
Vers le palais d'un grand seigneur.

Je suis belle, et dans ma jeunesse ;
Pour profiter de mon printemps,
De chaque galant qui m'adresse
Des mots d'amour, des compliments,
Je fais à l'instant qui s'écoule
D'un amant un bon protecteur.
  Ah ! quel honneur ! *Bis.*
Voyez mon carrosse qui roule
Vers le palais d'un grand seigneur.

Que l'on soit duc, marquis ou comte,
Des titres je fais peu de cas;
C'est sur l'argent seul que je compte;
Les écus sont remplis d'appas.
Quand j'en possède, je refoule
Ce peuple qui n'a que son cœur.
  Ah ! quel honneur ! *Bis.*
Voyez mon carrosse qui roule
Vers le palais d'un grand seigneur.

Hélas ! le vieux droit de jambage,
Que redoutaient tant d'amoureux,
Tomba, précédant l'apanage;
Chacun se croit moins malheureux ;
Pour ne pas imiter la foule,
Je cours en saisir la faveur.
   Ah ! quel honneur ! *Bis.*
Voyez mon carrosse qui roule
Vers le palais d'un grand seigneur.

Vassaux, admirez ma puissance ;
Je suis reine dans ce castel,
Du château la grande excellence
Prétend me conduire à l'autel.
L'avenir jamais ne s'écroule,
Si du présent on est vainqueur.
   Ah ! quel honneur ! *Bis.*
Voyez mon carrosse qui roule
Dans le palais d'un grand seigneur.

MORALE.

Il n'est rien de certain sur terre ;
La faux du Temps, qui détruit tout,
Sur ce trône trop éphémère
Frappera bientôt le grand coup.
Cette courtisane déroule
Tous les degrés de sa grandeur.
   Quel déshonneur ! *Bis.*
Voyez son carrosse qui roule,
Fuyant le palais d'un seigneur.

       J. Trielet.

LA MOUCHE ET LE PRISONNIER.

AIR : Ma petite, monte vite. (J. LANDRAGIN).

Je m'éveillais, quand soudain
Tu vins te poser sur ma main,
Belle mouche au léger essor,
    Aux ailes d'or.
Quand des noirs frimats s'apprête
Pour toi la rude saison,
Tu viens choisir pour retraite
    Ma sombre prison.
    Vole, vole ;
    Loin d'Eole,
De son souffle impétueux ;
    Vive et folle,
    Vole, vole,
Tu me rends heureux.

Reste, reste auprès de moi,
Car tu ramènes avec toi,
Quelques rayons de vrai bonheur,
    Pleins de douceur.
Du jour de la délivrance
Messagère, viendrais-tu
Relever par l'espérance
    Mon cœur abattu !
    Vole, vole, etc.

Es-tu cet ange gardien,
De l'infortune seul soutien,
Pour nous guide mystérieux,
    Venu des cieux ?
Es-tu l'âme de ma mère,

Qui sans espoir du retour
Quitte la brillante sphère
    Du divin séjour?
  Vole, vole, etc.

Réponds; j'attends, plein d'émoi...
Mais, hélas ! tu n'es comme moi
Qu'une victime du malheur ;
    Viens, sois ma sœur.
Quand ton vol est si rapide,
Fuis l'insecte ton bourreau ;
Crains de sa toile perfide
    Le fatal réseau.
  Vole, vole, etc.

Des champs où fut mon berceau
As-tu vu le riant ruisseau,
Et ma Louise aux si beaux yeux,
    Tout radieux?
Sur ces lèvres demi-closes
Tu dus cueillir un baiser.
Que sur les miennes tu n'oses
    Venir déposer.
  Vole, vole, etc.

Tu te ralentis, je crois;
Chère petite, je le vois,
Tu regrettes du ciel d'azur
    Le bleu si pur.
Tu te heurtes, plus timide,
Cherchant un endroit pour fuir,
Bien loin de cet air fétide
    Où je dois mourir.
  Vole, vole, etc.

Mais, non, fuis ce sombre lieu,
Et vers ma mère, auprès de Dieu,
Vole et ne crains plus de la mort
  Le triste sort.
Va ! ce malheur est bien moindre
Que de vivre en ce cachot.
Mon âme pour vous rejoindre
  Partira bientôt.
  Vole, vole;
  Nargue Eole ;
Tu me laisses plus joyeux.
  Vive et folle,
  Vole, vole,
Vole vers les cieux !

     Eugène LANGLOIS.

ON N'EN MEURT PAS.

AIR : Lise, pas de bruit, maman dort.

Mes bons amis, vous que j'estime,
Vous m'offrez de nombreux sujets,
Et voulez enfin que je rime
Encor quelques nouveaux couplets.
Afin de me montrer docile,
Je chante, mais... je dis tout bas:
Si je vous échauffe la bile,
Mes amis, vous n'en mourrez pas.

J'aimais la gentille Clémence
Comme on peut aimer à vingt ans.
Mais, en trompant ma confiance,
Elle a brisé tous nos serments.

J'apprends, la chose est très-comique,
Que, grâce à son monsieur Thomas,
Il faut qu'elle entre à la clinique.
C'est vexant , mais on n'en meurt pas.

Ma femme, que je croyais sage,
Reçoit chaque jours son cousin.
Comment laver un tel outrage?
Me disait hier mon voisin.
Que me conseillez-vous de faire?
— Mon cher voyez mon embarras !
De l'enfant, vous serez le père.
C'est vexant, etc.

Tout plein d'un amoureux délire,
J'avais fait, dimanche dernier,
Près de fille au gentil sourire,
Le serment de toujours l'aimer.
Mais aujourd'hui je suis victime
D'avoir trop aimé ses appas,
Car il me faut suivre un régime.
C'est vexant, etc.

On ne meurt pas d'impatience.
Mais, avant de trop m'avancer,
Je voudrais savoir la sentence
Qu'ici chacun va prononcer.
Sur ce fait je me tranquillise,
Car pour me tirer d'embarras
Si je n'ai fait qu'une bêtise,
Mes amis je n'en mourrai pas.

Alphonse BONESTEN.

Imp. C. COURLET et comp. rue du Petit-Carreau, 52.

LES TEMPLIERS

RECUEIL DE CHANSONS INÉDITES

PUBLIÉ PAR

LA SOCIÉTÉ LYRIQUE DES TEMPLIERS

Paraissant par livraisons tous les quinze jours.

3-4 Livraison.

Prix : 10 centimes.

DÉPOT CENTRAL,

Chez EYSSAUTIER, Éditeur de Musique,

Passage Bourg-l'Abbé, 31. —

1846.

AUX CHANSONNIERS.

Chanson, fillette sémillante,
Toi qui du peuple as les amours,
Des buveurs la troupe bruyante
Ici t'appelle à son secours.
Aux apôtres de ta science
Amène ton insouciance....
Gais compagons, accourez tous
    Rire avec nous.

Rêveurs, laissez votre tristesse
A la porte de ce logis;
La chanson, notre aimable hôtesse,
Chez les viveurs prend ses amis.
Gaîté peinte sur le visage
Pour elle est un heureux présage...
Gais compagnons, accourez tous
    Rire avec nous.

Tantôt sa voix criarde vibre
En sons joyeux, en cris moqueurs;
Tantôt elle touche la fibre
La plus sensible de nos cœurs;
Car elle sait, quoique rieuse,
Parler à l'ame sérieuse...
Gais compagnons, accourez tous
    Rire avec nous.

Les Templiers.   3ᵉ *Livraison.*

Toujours jeune, malgré son âge,
Jalouse de la royauté,
Du temps elle brave l'outrage;
Il n'a point droit sur sa gaîté.
Loin de vieillir, l'âge lui donne
Nouvelles fleurs pour sa couronne....
Gais compagnons, accourez tous
    Rire avec nous.

Sans cesser d'être poétique,
Grondeuse elle élève la voix,
Aiguisant sa verve caustique
Contre ceux qui sapent nos droits...
Elle sait après la tempête
Reprendre sa robe de fête.
Gais compagnons, accourez tous
    Rire avec nous.

Venez, venez, joyeux confrères,
Parmi nous semer vos refrains,
Vous que la chanson de nos pères
A choisis pour ses pèlerins.
La coquette aux fils d'Epicure
Garde sa plus fraîche parure.
Gais compagnons, accourez tous
    Rire avec nous.

L. A. LOYNEL.

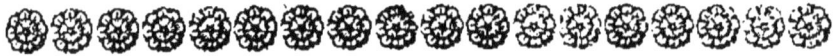

LA CLEF DES CHAMPS.

AIR :

Peu casanier de ma nature,
J'aime du soleil la clarté ;
J'aime les bois et la verdure;
Enfin j'aime la liberté.
Les oiseaux, dans le vert feuillage,
Vivent heureux, indépendans ;
Ils languissent dans une cage :
Comme eux j'aime la clef des champs.

De l'hymen, pendant deux années,
J'ai porté les chaînes de fleurs ;
Mais, lorsque je les vis fanées,
Je réfléchis sur mes erreurs.
Les fleurs, me dis-je, les plus belles,
Ne doivent durer qu'un printemps,
Et, pour en cueillir de nouvelles,
Ma foi, j'ai pris la clef des champs.

Il vante beaucoup la verdure,
Dit tout bas un malin censeur ;
Ce doit être la nourriture
De cet ignorant rimailleur.
Il va chanter long-temps peut-être ;
Ses couplets sont des moins plaisans ;
On devrait bien l'envoyer paître,
Et lui donner la clef des champs.

Chansonniers, de votre grand maître
Suivez les sublimes leçons ;
Comme lui démasquez le traître,
Eclairez-nous par vos chansons.
Béranger tonna sans relâche
Contre l'arbitraire des grands,
Et sut à cette noble tâche
Sacrifier la clef des champs.

Rois, de gouverner sur la terre
Dieu vous a donné le pouvoir.
Que chacun de vous soit un père
Pour ses sujets ; c'est un devoir.
Sous les verroux, l'ame flétrie,
Il en est qui sont gémissans.
Ah ! la liberté c'est la vie !
Accordez-leur la clef des champs.

Je réclame votre indulgence,
Messieurs ; je suis un pauvre auteur ;
Parmi vous j'ai pensé d'avance
Rencontrer plus d'un protecteur.
Je crains qu'on ne métamorphose
Les clefs en certains instrumens.
Cette musique m'indispose ;
Je préfère la clef des champs.

BERNARD jeune.

L'AMOUR DÉVOILÉ.

AIR : Contentons-nous d'une simple bouteille.

⊲⊙⊳ ⊲⊙⊳

De Cupidon, chaque jour, à la ronde,
J'entends vanter le magique pouvoir ;
Pour célébrer ses hauts faits, en ce monde,
Chacun exerce à l'envi son savoir.
A ce faux dieu pour donner un salaire,
Moi, je le prends de plusieurs tons moins haut ;
Je dis, voyant tout ce qu'il nous fait faire,
Le dieu d'amour est un fameux nigaud.

De Lise un jour l'œillade meurtrière
Porta l'espoir et le trouble en mon cœur :
Le sommeil fuit à l'instant ma paupière ;
Je devins triste, et morose, et rêveur.
Le petit dieu m'avait tourné la tête,
L'idiotisme en résulta bientôt....
Destin fatal ! il me rendit poète :
Le dieu d'amour est un fameux nigaud.

Que de héros, souvent, par leurs sottises,
Ont su ternir l'éclat de leur valeur !
Or, à coup sûr, leurs plus grandes bêtises
Avaient l'amour pour but ou pour auteur.
Vous l'avez vu, guerriers que l'on renomme,
Vaillant Alcide, et toi, brave Renaud ;
Pauvre Abeilard, sans lui tu restais homme.
Le dieu d'amour est un fameux nigaud.

Là, sur ce pré, quelle fureur inspire
Ces deux rivaux, l'un de l'autre jaloux ?
Pour mériter de Rose un doux sourire
Sur le terrain ils se percent de coups.
Pendant ce temps , un troisième, en sourdine,
Sur leur espoir prélevant un impôt,
Ceuille la fleur sans redouter l'épine...
Le dieu d'amour est un fameux nigaud.

De Cupidon la funeste influence
Produit souvent des couplets ennuyeux,
Et si mes vers sont taxés d'impuissance,
C'est, croyez-moi, que je suis amoureux.
Pour cet aveu, muse, quand tu t'épuises,
Autour de moi j'entends dire aussitôt :
Puisqu'il dicta de pareilles sottises ,
Le dieu d'amour est un fameux nigaud.

AUGUSTE MOREAU.

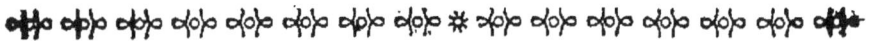

NOS DÉMISSIONS

à la Lyce Chansonnière.

AIR: On dit que je suis sans malice.

Sans vous faire trop d'algarades,
Apprenez, nos ex-camarades,
Que nous nourrissions le dessein
De nous bannir de votre sein.
Votre amitié peu fraternelle
Voit chaque jour rogner son aile.
C'est assez de déceptions.
Acceptez nos démissions.

Vous courbez votre république
Sous le joug d'une loi salique ;
Ce procédé très peu galant
Vous prive de plus d'un talent.
Nous ne pouvons souffrir qu'on vexe
L'esprit, qui n'eut jamais de sexe.
En passant ces réflexions,
Acceptez nos démissions.

Naguère encore on chantait pouille,
En se promettant la dépouille
De quelques pauvres rimailleurs,
Qui s'étaient installés ailleurs.
Mais comme il fallait une claque
Chacun retourna sa casaque.
Pour qui veut-on que nous passions ?
Acceptez nos démissions.

Un ami que le besoin presse
Accourt à vous dans sa détresse.
Hélas ! sa pauvreté dut voir
S'évanouir ce fol espoir !
Vous répondîtes tous ensemble :
C'est le plaisir qui nous rassemble,
Et non les bonnes actions.
Acceptez nos démissions.

Nous délaissons, presque endormie,
Votre ennuyeuse académie,
Où, changeant sa chaise en fauteuil,
Chacun à plaisir ferme l'œil.
Vous avez bien, vieux Héraclides,
Gagné deux fois vos Invalides.
Souffrez que nous nous en passions,
Acceptez nos démissions.

Par vos murs, où nous faisons brèche,
Nous lancerons plus d'une flèche
Sur les poétiques forbans
Qui viendront encombrer ces bancs,
Poussés par un saint véhicule,
Nous dressons pour le ridicule
La liste des proscriptions.
Acceptez nos démissions.

CHARLES GILLES
et CHRISTIAN SAILER.

POURQUOI ?
OU UN REPROCHE A DIEU.

AIR de *Margot*. C'est sur l'herbage.

L'enfant qui naît au sein de la misère
A droit de dire au maître du soleil :
— « Pourquoi m'as-tu tiré de la poussière
Où je goûtais un tranquille sommeil ? »

A son berceau le dédain vient sourire,
La pauvreté lui jette ses haillons,
Et le destin, qui semble le maudire,
Pour lui du ciel obscurcit les rayons.

Comme un nuage a passé son enfance,
Nuage éclos sous un ciel orageux,
Et l'avenir, dieu que la foule encense,
N'est qu'un soleil qui s'éclipse à ses yeux.

Veuve d'espoir, sa jeune ame fanée
Souffre et s'éteint dans sa froide prison,
Comme la feuille aux vents abandonnée
Languit et meurt dans un fangeux sillon.

L'enfant qui naît au sein de la misère
A droit de dire au maître du soleil :
— « Pourquoi m'as-tu tiré de la poussière
Où je goûtais un tranquille sommeil ? »

Dans les beaux jours, la terre est une reine :
Riches, à vous ses trésors, les faveurs.
Mais, lui ! l'enfant qu'un sort fatal enchaine
Sans les cueillir voit se faner les fleurs !

A lui l'été, son soleil qui consume ;
A vous des bois les ombrages déserts ;
A lui la faim, la fatigue et l'enclume !
A vous le bal, l'orgie et les concerts !

A vous aussi les saintes espérances !
A vous ce ciel qu'on ouvre avec de l'or !
A lui l'enfer et toutes ses souffrances !
A lui la honte et l'oubli dans la mort !

L'enfant qui naît au sein de la misère
A droit de dire au maître du soleil :
— « Pourquoi m'as-tu tiré de la poussière
Où je goûtais un tranquille sommeil ?»

Mais sur son front déjà naisssent des rides :
Le voyez-vous soulevant son fardeau ?...
Puis se traînant dans des sentiers arides
Où lentement il se creuse un tombeau ?

Pourtant, il peut rêver aussi des fêtes !
Pourtant son front recèle des trésors ;
Sa mâle voix enfante des tempêtes,
Et sa menace éveille le remords !

Alors, pourquoi souffre-t-il en silence?
Hélas ! il sait que les sages, les lois,
N'ont à Thémis donné qu'une balance
Où celle-ci fait rouler de faux poids !..

L'enfant qui naît au sein de la misère
A droit de dire au maître du soleil :
— « Pourquoi m'as-tu tiré de la poussière
Où je goûtais un tranquille sommeil ? »

ALEXANDRE GUÉRIN.

LE CHAMP D'AVENIR.

AIR : Semons, semons les champs de l'avenir (L. Festeau.

De tes enfans, ô ma pauvre patrie !
Vois la douleur et les profonds chagrins !
Depuis long-temps leur longue rêverie
S'est exhalée en stériles refrains.
Pour endormir leur pénible souffrance,
Pour qu'au réveil ils puissent te bénir,
Chante à tes fils un hymne d'espérance...
Car l'espérance est le champ d'avenir !

De nos héros lorsque l'antique gloire
A tout grand cœur vient redonner l'essor,
Volons comme eux au temple de mémoire,
Et réveillons notre ame qui s'endort...
En vain le feu paraît mort sous la cendre :
Il brûle encore, et l'instant peut venir !...
L'aigle, un matin, du ciel peut redescendre...
Car l'espérance est le champ d'avenir !...

Sans s'épuiser, une source féconde
Fait sous nos pas germer plus d'un succès...
Et l'industrie est le soleil d'un monde
Qui va, toujours poussé par le progrès.
Sur son chemin coupons la mauvaise herbe,
Et dans nos champs, aux siècles à venir,
L'histoire encor pourra faire sa gerbe...
Car l'espérance est le champ d'avenir !...

Au malheureux qui souvent nous implore
Ne jetons plus un outrageant mépris ;
En combattant le mal qui le dévore,
D'un ciel ouvert nous méritons le prix...
Riche, envers lui point d'insultes cruelles;
Lorsqu'en un jour ton règne peut finir ,
Le pauvre attend les moissons éternelles !
Car l'espérance est le champ d'avenir !...

De notre temps quand s'éteindront les races,
Vers le progrès prenant aussi l'essor,
Un nouveau monde, en marchant sur nos traces,
Découvrira des prodiges encor.
Sachez, amis, que d'une époque à l'autre
De grands travaux marquant le souvenir,
Un nouveau siècle étouffera le nôtre !
Car l'espérance est le champ d'avenir !...

GEORGES LECREUX.

Imprimerie Lange-Levy et Gᵗᵉ, rue du Croissant.

LE POÈTE ET SON BON ANGE.

Hommage de reconnaissance à M. F. BÉRAT.

AIR : Laissez reposer le tonnerre.

A mon chevet, toi qui veilles la nuit,
Ange gardien, écoute ma prière :
Sous l'humble toit de mon triste réduit,
La désillusion commande en reine altière.
  Pauvre poète soucieux,
  Je rêve des sphères nouvelles ;
  Ah ! pour me rapprocher des cieux,
  Bon ange, prête-moi tes ailes !

Du haut des tours, et d'une voix d'airain,
Lorsque minuit réveille le silence,
J'entends des cris arrachés par la faim ;
Lorsque, dans ses festins, s'enivre l'opulence.
  Ton Dieu, qui du pauvre est l'appui,
  Veut-il ces distances cruelles ?...
  Ah ! pour arriver jusqu'à lui,
  Bon ange, prête-moi tes ailes !

Lorsque parfois j'invoque le destin,
Les yeux baissés, tu prêches l'espérance ;
Puis, désignant les cieux et le lointain,
Tu dis : Là-bas, là-bas, il n'est plus de souffrance !
  —Je sais que l'avenir, là-bas,
  Promet des moissons éternelles ;
  Mais pour voltiger sur ses pas,
  Bon ange, prête-moi tes ailes !

Les Templiers.   *4e Livraison.*

La poésie a dit à ses enfans :
— « Frères, chantez; chantez, mes petits anges;
Je vous ferai, pour prix de vos doux chants,
Prendre place au milieu des célestes phalanges !»
    —Hélas ! malgré mes rêves d'or,
    Mes esprits sont lents et rebelles ;
    Pour que je prenne mon essor,
    Bon ange, prête-moi tes ailes !

Je ne suis point envieux de trésors,
Je ne suis point envieux de puissance;
Mais je voudrais moduler des accords
Dictés par le plaisir et par l'indépendance !
    Du soleil de la liberté,
    Lumière, là-bas, tu ruisselles....
    Pour m'inspirer à sa clarté,
    Bon ange, prête-moi les ailes.

ALEXANDRE GUÉRIN.

✳✳✳✳✳✳✳✳✳✳✳✳✳✳✳✳✳✳✳✳✳✳✳✳✳✳✳✳✳✳✳✳✳✳✳✳✳

LA TABLE A RALLONGES.

AIR: Excusez, si je vous dérange.

Jadis mon sort fut rigoureux
Et je faisais maigre cuisine,
L'effet de ce régime affreux
Me donnait une triste mine.
Oubliant ces minces repas,
Aujourd'hui l'objet de mes songes,
Vous ne le devineriez pas,
C'est ma grande table à rallonges.   (bis)

N'allez pas après cet aveu
Me prendre pour un gastronome;
Je sais me contenter de peu,
Pour être sobre on me renomme.
J'ai des parens, quelques amis ;
De peur que l'ennui ne me ronge,
A ma table ils sont tous admis;
Alors je mets une rallonge.   (*bis*)

Je vois, sans en être surpris,
S'augmenter beaucoup ma famille;
Mes nièces prennent des maris,
On ne peut toujours rester fille...
Pour éviter d'être en défaut,
Il est temps enfin que je songe
Qu'en dressant la table il me faut
Mettre la deuxième rallonge.

Avant peu naîtront des enfans;
Toujours à l'avenir je pense;
J'ai fort bien combiné mes plans,
Je suis en mesure d'avance.
Délivré de tout embarras,
Mon cœur se berce d'un doux songe,
Et je dis en riant tout bas;
J'ai là ma troisième rallonge.

Maintenant je me trouve heureux,
Entouré de tous ceux que j'aime,
Et le temps fuit contre mes vœux
Avec une vitesse extrême.
Ah ! s'il était en mon pouvoir,
Amis, je le dis sans mensonge,
J'ajouterais à ce beau soir
La plus gigantesque rallonge.

Long-temps j'ai rêvé le bonheur;
Je touche au but, pourtant j'envie
Encore l'insigne faveur
D'avoir une bien longue vie.
Il est un moyen, après tout,
De faire qu'elle se prolonge.
Oh! mon Dieu, vous qui pouvez tout,
Veuillez y mettre une rallonge...

BERNARD jeune.

❋❋❋❋❋❋❋❋❋❋❋❋❋❋❋❋❋❋❋❋❋❋❋❋❋❋❋❋❋❋❋❋

LES TRÉSORS DE LA BIENFAISANCE.

AIR du Tailleur et la Fée. (Béranger.)

Sur cette terre où règne l'inconstance
Nul n'est, hélas! certain du lendemain.
Tel qui possède et richesse et puissance
Peut-être un jour souffrira de la faim.
Bonheur divin, plaisirs intarissables,
On vous obtient en séchant quelques pleurs ;
La Bienfaisance, en nous gagnant les cœurs,
Sait nous donner les seuls trésors durables...
De la pitié faisons-nous une loi;
Faire le bien c'est travailler pour soi.

Ne soyons point arrêtés par la crainte
De rencontrer parfois quelques ingrats :
Jamais du bien ne s'efface l'empreinte;
Il est là-haut un Dieu qui suit nos pas...
De l'oublieux méprisons l'imprudence...
N'avons-nous point ici-bas pour soutien
La récompense échue aux gens de bien,
Dans le doux cri de notre conscience ?
De la pitié, etc...

De la richesse, en nos mains fugitive,
Un Dieu puissant est seul dispensateur ;
Soulager ceux qu'un sort aveugle en prive,
C'est imiter ce divin bienfaiteur.
Riche, à tous ceux que le besoin dévore
Tends une main qui les rende joyeux ;
Semer la joie au cœur du malheureux,
C'est le bonheur pour qui la fit éclore.
De la pitié, etc...

Quand vient cet âge où la douce espérance
S'envole au ciel, pour ne plus revenir,
Age où le cœur, sevré de jouissance,
N'existe plus que par le souvenir,
Sur un passé que la vertu colore
Lorsqu'il revient sans peine et sans regrets,
En contemplant les heureux qu'il a faits,
L'homme de bien se réjouit encore...
De la pitié, etc...

Au cimetière, ah ! voyez l'égoïste,
Seul et maudit, expiant tous ses torts;
Avec effort son héritier s'attriste,
En le suivant au froid séjour des morts.
Du bienfaiteur les dépouilles mortelles
A son cortége entraînent tous les cœurs.
Ah ! déposons, en répandant des pleurs,
Sur son tombeau des fleurs toujours nouvelles...
De la pitié, etc...

AUGUSTE MOREAU.

MATHURIN L'IVROGNE

Air ; Allons, mon amant, prends ton instrument.

Mathurin, coq du village,
Vrai luron,
Sans façon,
Voulut tâter du ménage,
Ennuyé d'être garçon.
Reconnaissant sa sottise,
C'en est fait,
Guilleret,
Pour l'oublier il se grise
Chaque jour au cabaret.

Du soir au matin,
Le verre en main
Et la face vermeille,
Le gros Mathurin
De la bouteille
Fête le jus divin.
Si parfois sa ménagère
Arrive tout en colère,
Il se dit : La voilà !
Ho là, là, ho là, là.
Ho là, là, ho là, là.

Quand cette femme, vrai diable,
Sans quartier,
Vient crier,
Son sangfroid est admirable
Et digne d un guerrier.
Tranquille, fumant sa pipe,

Ce flambard,
Tout gaillard,
Chante Fanfan-la-Tulipe
Avec un air goguenard.

Du soir au matin, etc., etc.

S'il boit, une douce ivresse
Rend ses yeux
Plus joyeux,
Et le chagrin qui l'oppresse
S'envole, il est radieux;
Il voit la vigne féconde,
Ses amis
Réunis,
Plus de femme qui le gronde;
Pour lui c'est le paradis.

Du soir au matin etc., etc.

Parfois on lui fait entendre
Méchamment
Qu'un galant amant
A sa moitié peut prétendre,
Puis en devenir l'amant.
Ah ! répond-il, si j'achète
Sans propos
Le repos,
Elle peut orner ma tête :
En serai-je moins dispos ?

Du soir au matin, etc., etc.

Ivre, il rêve le veuvage,
Et son cœur
De bonheur
En acceptant ce présage,
Palpite avec plus d'ardeur.

Adieu, dit-il, à la peine;
  Qu'un refrain
  Boute-en-train
D'une trop pesante chaîne
Annonce bientôt la fin.

  Du soir au matin, etc., etc.

Quand il roule sous la table,
  Et s'endort
  Ivre mort,
Des buveurs la troupe aimable
Vite opère son transport.
Bacchus charme d'un doux songe
  Son sommeil ;
  Au reveil
Il voit que tout est mensonge.
Lors au lever du soleil,

  Pour fêter du vin
  Le jus divin
  Et la couleur vermeille,
  On voit Mathurin,
  Sous une treille,
  Chanter le verre en main.
  Si parfois sa ménagère
  Arrive tout en colère,
  Il se dit : La voilà !
  Holà, là, ho là, là,
  Ho là, là, ho là, là.

EUGÈNE LANGLOIS.

LA MUSE D'UN TEMPLIER.

Air : Patrie, honneur, pour qui j'arme mon bras.

Muse chérie, oh ! reviens près de moi,
Car désormais je veux suivre ta loi.

De chers amis m'ont appelé vers eux;
Alors j'accours en apportant ma lyre.
Je suis enfin au terme de mes vœux,
Car Apollon pour moi vient de sourire.
Muse, etc.

Joyeux luron, ami de la gaîté,
J'ai pour refrain vieux vin et jeune fille;
Bacchus par moi sera toujours fêté;
C'est Cupidon qui créa ma famille.
Muse, etc.

Lorsque chez moi vient frapper l'amitié,
Avec plaisir j'ouvre toujours ma porte;
Aux malheureux appartient la moitié
De tous les biens que le destin m'apporte.
Muse, etc.

De nos héros nous souvenant toujours,
Lorsque le calme a suivi la tempête,
Français heureux, sachons de nos trois jours
Avec orgueil rajeunir chaque fête.
Muse, etc

A vous, cafards, plus méchans que dévots,
Honte et mépris; que chacun vous refoule;
D'un noir démon vous êtes les suppôts;
Progrès et foi sont les mots de la foule.
Muse, etc.

Bardes, chantez; honneur à nos enfans,
Braves soldats vainqueurs en Algérie;
Par de hauts faits, ces jeunes combattans
Ont soutenu l'honneur de la patrie.
Muse, etc.

Rire et chanter, boire, toujours aimer,
C'est triompher des injures de l'âge;
Puis à Caron, qui pour nous doit ramer,
D'un gai refrain nous pairons le passage.
Muse, etc.

J. TRIEBEL.

CE QUI N'A JAMAIS EXISTÉ.

AIR de Calpigi.

Tout va changer dans ce bas monde;
La fortune, en faisant sa ronde,
Sur le pauvre s'arrêtera,
Et de ses dons le comblera.
L'avare, craignant la disette,
A tous ouvrira sa cassette,
Pour y puiser en liberté,
Ce qui n'a jamais existé !...

Adoptant la gaîté pour code,
Un mari vivant à sa mode
N'aura plus rien à craindre l'affront
Qui pouvait ombrager son front.
Les femmes qui grondent sans cesse
Viendront nous prouver leur tendresse
Et n'auront plus de volonté,
Ce qui n'a jamais existé !...

L'ambition va disparaître ;
L'esclave n'aura plus de maître,
Et le peuple verra demain
Tous les rois se donner la main.
L'Anglais, amant de la discorde,
Courant encenser la concorde,
Ne trahira plus un traité,
Ce qui n'a jamais existé !...

L'auteur, à son premier ouvrage,
Verra s'ouvrir sur son passage
Du théâtre, ami des talens,
La grande porte à deux battans,
Et le véritable génie
Sera jugé pendant sa vie,
Et sûr de l'immortalité,
Ce qui n'a jamais existé !...

A cette époque progressive,
La fraude errante et fugitive,
Chassée enfin et sans retour,
Verra mourir son dernier jour.
Le pourvoyeur de nos soirées,
Pour nos poitrines altérées,
Aura du vin non frelaté,
Ce qui n'a jamais existé !...

DESJARDINS.

Imprimerie Lange-Levy et Cⁱᵉ, rue du Croissant.

L'HEUREUX CHANSONNIER.

AIR : *Je fais pour passer l' temps des cancans*, etc.

Contre le sort chacun gronde sans cesse,
Dans ce bas monde on n'est jamais content,
Le vrai bonheur, à ce que l'on prétend,
   Est d'avoir dignités, richesse.
     Ah ! pauvres humains,
     Vraiment je vous plains,
     Vos discours sont vains ;
     Et dans ma détresse
     Loin de m'attrister,
     De me tourmenter,
     Je chante et soudain
     S'enfuit le chagrin ;
     Avec ma gaîté
     Partout je suis fêté ;
     Dans certains banquets,
     Souvent pour mes couplets.
     Je suis demandé,
     Même recommandé.

     Or, vous voyez bien
     Que sans titres, sans bien,
     Quand on est joyeux
     On est toujours heureux.

Je ne crains pas qu'un jour mon héritage
Me soit ravi, car je n'espère rien,
N'oubliez pas que c'est toujours le bien
    Qui nous désunit, c'est l'usage.
     Avec des parents
     Qui sont indigents,
     Point de différends,
     Ah ! quel avantage !

Je n'ai pas un sou,
Je ris comme un fou
De voir un banquier,
Pâle, s'écrier :
Un destin fatal
Réduit mon capital ;
Tranquille d'esprit
Je regagne mon lit ;
Sans aucun tourment
Je dors profondément.

Or, vous voyez bien, etc.

Savoir gaîment employer sa jeunesse,
N'est-ce donc pas songer à l'avenir ?
C'est préparer plus d'un beau souvenir
Pour charmer sa froide vieillesse.
Jouir du présent,
C'est assurément
Agir sagement.
Fi de la tristesse ;
Quand on est grison,
Auprès d'un tison
Dans son vieux fauteuil
Dès qu'on ferme l'œil.
Doucement bercé
Par le riant passé ;
Un rêve charmant
Vous fait encore amant,
L'on est au réveil
Radieux et vermeil.

Or, vous voyez bien, etc.

Combien de gens doivent leur opulence
Aux malheureux, aux dupes qu'ils ont faits!
Le bien d'autrui ne me tenta jamais,
J'en ai toujours fait conscience.
L'or et la grandeur,
Au prix de l'honneur

Si cher à mon cœur,
Plutôt l'indigence ;
Evitant ainsi
Remords et souci,
Je lève le front
Défiant l'affront,
Et sans nul dédain
L'on me serre la main ;
Le riche, intrigant,
Peut-il en dire autant ?
Non, sans contredit
Partout on le maudit.

  Or, vous voyez bien, etc.

Chez moi jamais d'ennuyeuse étiquette,
De vrais amis viennent souvent me voir,
Commodément chacun d'eux peut s'asseoir,
J'ai pour canapé ma couchette.
  A cent pieds du sol,
  Narguant l'entre sol,
  Nous montons au sol
  Une chansonnette ;
  Mon humble hrenier
  Vaut mieux qu'un premier,
  Là, point de flatteurs,
  Tous francs visiteurs ;
  Un repas frugal
  Est pour nous un régal ;
  Et puis au dessert,
  Nous buvons de concert
  A la liberté,
  A la fraternité.

  Or, vous voyez bien, etc.

J'avais juré de fuir le mariage,
Mais, insensé, quel était mon erreur !
Je m'aperçois qu'il manque à mon bonheur
Une épouse sensible et sage.

Oui, d'une moitié,
La tendre amitié
La douce pitié
Donnent du courage;
Bientôt un enfant
Lutin, caressant,
Viendra de mes jours
Embellir le cours,
Je l'entends déjà
Me bégayer papa!
Riches à laquais,
Bâillez dans vos palais,
Moi, dans mon réduit,
Je chante jour et nuit.

Or, vous voyez bien, etc.

BERNARD jeune.

LES CÉRUSIENS.

AIR : *Nous sommes en croisière*, (BOUGNOL.)

Par des destins contraires
Poussés vers le malheur,
Au cabaret, mes frères,
Noyons notre douleur....
Arrose notre veille,
  Bouteille
  Vermeille,
Usons tous les moyens
Pour dompter, Cérusiens,
Le poison qui sommeille.
Enivrons–nous amis sans souci du remord
Demain dans le travail nous puiserons la **mort.** } *bis.*

D'un lointain mariage
En caressant l'espoir,
Sur nous c'est grand dommage
De fixer ton œil noir,
Vainement jeune fille
  Il brille
  Scintille,
Peut-on sans lendemain
Laisser sur le chemin
Sa naissante famille....

  Enivrons–nous, etc.

Tel qui pour héritage
N'a reçu que ses bras
Cause, endure ou partage
De cruels embarras.
S'il lutte dans l'arène
  Il traîne

Sa haine,
N'est-il pas aussi beau
De tenir au tableau
Par la plus courte chaîne....
Enivrons-nous, etc.

En voyant le scandale
Qu'excitent nos excès
La sévère morale
Va nous faire un procès.
Pour des maîtres perfides,
Avides.
Cupides,
Nous jouons la santé
Et la société
Souffre nos suicides !...
Enivrons-nous, etc.

Charles GILLES.

ÇA DOIT-ETRE AU GRENIER.

Que cherchez-vous ? disait une portière
—De notre ami nous ignorons le nom,
A quel étage, est-ce sur le derrière,
Sur le devant, au premier, au second ?
—Nous l'ignorons ; et ce que nous pouvons dire
C'est un viveur et de plus chansonnier...
—Un chansonnier, c'est le ciel qui l'inspire
    Ça doit être au grenier.   (*bis.*)

Vantant l'Empire à des Bonapartistes,
La République à des Républicains,
La Royauté devant des Royalistes
Et le Pays devant des Ditoyens ;
Devant son bien à sa mine bigote....
Voilà, Messieurs, l'habitant du premier.
—Mais nous cherchons un zélé patriote,
    Ça doit être au grenier.

Des professeurs, désertant la férule,
Des jeunes gens, au second vont parfois ;
Chez un Monsieur qui prête son pécule
Au taux moral de cinq du cent.... par mois,
Ce Monsieur là connait bien son affaire,
Car fournisseur, fût son premier métier.
—Mais nous cherchons l'honneur et la misère,
    Ça doit être au grenier.

Le front ridé, l'air pensif et morose,
Un vieux Monsieur occupe le dessus :
A tous venans sa porte est toujours close,
Pour lui parler, que d'efforts superflus !...
De tout humain, sans daute il se défie,

Comme un renard il vit dans son terrier.
—Mais nous cherchons de la philosophie,
    Ça doit être au grenier.

Au quatrième, habite un petit maître,
Qui dans son lit reste après déjeuner;
Il dit tout haut que l'amour le fit naître,
Son plus grand soin est de se bichonner.
Sot, vicieux, bavard et gastronome,
Voilà, Messieurs, son portrait en entier;
Mais en un mot si vous cherchez un homme,
    Ça doit être au grenier,
    Montez jusqu'au grenier.

J. BAPTISTE.

L'ABRI DES DOULEURS.

AIR : *Par des chansons ma mère,* etc. (BRAZIER.)

Intelligence, abri de la douleur,
A toi nos chants, le doux parfum des roses!...
N'es-tu donc pas le laurier de l'honneur,
L'apôtre saint de nos plus saintes causes?...
Arbre sacré toujours couvert de fleurs,
Sous ton feuillage abrite nos douleurs!...

De l'astre roi précédant le retour,
Vois le matin l'aurore gracieuse,
Comme elle aussi prédis nous un beau jour
Et qu'à ta voix notre âme soit heureuse!...
    Arbre sacré, etc.

Astre divin, invisible à nos yeux,
Sur notre front, imprime en traits de flamme,
Tes purs rayons, ton disque radieux ;
Le bien toujours à ton foyer s'enflamme....
    Arbre sacré, etc.

L'encens pour toi brûle sur nos autels ;
Oui, nous t'aimons malgré notre misère,
Te dévoiler aux plus vils des mortels,
C'est assainir leur fangeuse atmosphère....
    Arbre sacré, etc.

Les droits de l'homme acquis par nos aïeux,
Se perdraient-ils au grand choc d'un orage ?
Non... ton pouvoir, trésor venu des cieux,
Nous vengera du géant qui l'outrage !...
    Arbre sacré, etc.

Homme pourquoi ? pourquoi craindre la mort,
Vas ne meurs pas le ciel est ton partage...
L'âme te dit : espère un meilleur sort,
Dieu voudrait-il détruire son ouvrage !...
    Arbre sacré, etc.

Mair quoi ? la faim guette le travailleur ?
Que ton appui sans cesse l'environne ;...
Que lui faut-il pour ranimer son cœur ?
Le sait travail perle de ta couronne....
    Arbre sacré, etc.

Georges LECREUX.

NE PLEURE PAS.

AIR : *De la Nostalgie* (BÉRANGER.)

Pourquoi pleurer ma douce fiancée
Et de tes pleurs me cacher le sujet,
Puisque je sais lire dans ta pensée,
De tes désirs je connais le secret ;
Riches bijoux font ta douleur profonde
Pour te parer si tu n'as que des fleurs,
Ne pleure pas... les trésors de ce monde,
De tes beaux yeux ne valent pas les pleurs.

Quand tu rêvais une belle toilette,
Qve des brillants couvraient de toutes parts,
Je contemplais ta simple collerette,
Dont rien n'aurait détourné mes regards ;
Sur ta candeur tout mon bonheur se fonde,
Que l'amour seul unisse nos deux cœurs,
Ne pleure pas... les trésors de ce monde,
De tes beaux yeux ne valent pas les pleurs.

Ah ! laisse aux grands parures et richesses,
Blanche colombe en ta simplicité,
De ton ami préfère les caresses,
Compte sur lui même en l'adversité ;
De ces beautés, que l'on prône à la ronde
L'art, tu le sais, rafraîchit les couleurs,
Ne pleure pas... les trésors de ce monde,
De tes beaux yeux ne valent pas les pleurs.

Mainte coquette en ôtant sa mantille,
De son portrait cherche l'original,

Rose flétrie, et pourtant jeune fille,
Elle usurpa le bouquet virginal ;
Tous les bijoux dont sa toilette abonde,
Ont dans son âme éveillé mille erreurs,
Ne pleure pas.... les trésors de ce monde,
De tes beaux yeux ne valent pas les pleurs.

J. TRIEBEL.

LA BOHÊME.

Dans sa rigueur extrême
Notre sire le roi,
Veut chasser la Bohême
Qui cause son effroi,
Pour plaire à son altesse
Qui veut son peuple heureux ;
Rançonnons la noblesse
Qui rançonne les gueux.

Or ça, point d'équivoque,
Vagabonds, mes amis,
Puisqu'on nous provoque,
Que tout nous soit permis.
La nuit, à nous Lutèce,
Malheur aux curieux !
Rançonnons la noblesse,
Qui rançonne les gueux.

Or, sus à la finance,
Cagoults, Ribauds, larrons :
Chez l'argentier de France,
Et nous retrouverons
En écus dans sa caisse
Les larmes de nos yeux.

Rançonnons la noblesse,
Qui rançonne les gueux.

Puis après au chapitre
De l'Abbaye-aux-Bois,
Nos mains, à juste titre,
Sauront faire un bon choix ;
La prêtraille utilise
Pour elle ses bons dieux.
Ah ! rançonnons l'église,
Qui rançonne les gueux.

Le lucre fertilise
L'or des juifs commerçants,
Leur âpre convoitise
Les rend durs et puissants ;
L'usure est à la baisse
Quand le peuple est heureux.
Rançonnons la richesse,
Qui rançonne les gueux.

Rançonnons la gabelle,
Les commis de l'octroi,
Et toute la séquelle
Des justiciers du roi.
O plèbe à ton service,
Les cachots sont nombreux.
Rançonnons la justice,
Qui rançonne les gueux.

Nobles de toute espèce,
De haut et bas aloi,
Allons, faites largesse,
En dépit de la loi ;
Dépêchons le temps presse
Nos estomacs sont creux.
Rançonnons la noblesse,
Qui rançonne les gueux.

Auguste ALAIS.

Typographie de A. APPERT, passage du Caire, 54.

LES INVALIDES
DE L'AMOUR.

AIR *de la Mère des Compagnons* (GILLE).

Dans un bout de la Capitale,
Il est un lieu fort estimé,
A qui pourtant dame Morale
Montre toujours le poing fermé :
Et sans me croire sur parole,
Je veux convaincre : sans détour ,   (*bis.*)
Pour six sous, l'hirondelle vole
Aux Invalides de l'amour.

Je ne connais pas l'origine
De ce monument curieux,
Mais des Thermes, je m'imagine,
Le palais doit être moins vieux.
Pour attester sa longue vie,
On voit encenser chaque jour
Un Dieu de la Mythologie
Aux Invalides de l'amour.

Du grand Faublas rêvant la gloire,
Jeune encor, j'obtins des succès :
A douze ans, je chantais victoire ;
A treize, en grade j'avançais ;
A quatorze, payant d'audace,
Aux Anglais je fis voir le tour ;
A quinze ans, j'avais une place
Aux Invalides de l'amour.

Les Templiers.   6e *Livraison.*

Blessé dans les champs de Cythère,
Je subis l'amputation :
Il fallut devenir austère ,
Et me mettre à la ration.
Que de fois j'ai versé des larmes
Sur ma boisson de chaque jour !
On buvait du jus de gendarmes
Aux Invalides de l'amour.

Pour chasser , dans cette retraite,
L'ennui qui guettait nos esprits ,
En narrant sur mainte conquête
Les grognards formaient les conscrits.
De réglisse on vidait la fiole ,
Et puis , sans fifre ni tambour ,
On entonnait la gaudriole
Aux Invalides de l'amour.

Surgissait-il une querelle
(Ce qui fort souvent arrivait) ,
Au droit d'honneur toujours fidèle ,
Sur le terrain on se suivait.
Là , sans se couper une tranche ,
Les poings seuls plaidaient contre et pour ;
Car on détestait l'arme blanche
Aux Invalides de l'amour.

Mais à l'appel de la patrie
Je partis battre les Bédouins ;
Oran , Constantine et Bougie
De mes exploits furent témoins.
Auprès d'une Odalisque noire
Je fus heureux pendant un jour ;
Je revins en faire l'histoire
Aux Invalides de l'amour.

Pour les chanter , quand je revise
Et mes succès et mes revers...
S'il en est , pour tant de franchise ,
Qui me regardent de travers ;

Ceux de qui je blesse l'oreille
Seront contents peut-être un jour
De boire le bouillon d'oseille
Des Invalides de l'amour.

BAPTISTE.

A MON VIEIL AMI

M. CH*****, ARTISTE-GRAVEUR.

AIR: *Reprends ta lutte avec la pauvreté* (GILLE)
Ou *de la Nostalgie* (BÉRANGER).

Vieillard, ô vous dont la douce science,
Vous a placé parmi ceux que j'aimais,
J'ai pu souvent par mon insouciance,
Vous chagriner ; vous oublier... Jamais.
Sans écouter la voix qui crie : espère,
A vos conseils mes vingt ans ont recours ;
Je suis bien jeune et j'ai besoin d'un père ; } *bis.*
Mon vieil ami, conseillez-moi toujours.

En vieillissant, les soucis avec l'âge
Viennent bientôt ulcérer notre cœur ;
Votre amitié chassa plus d'un nuage,
Si j'ai vaincu, par vous je fus vainqueur.
Quand, rebuté, je calculais la somme
De mes ennuis, éclos aux mauvais jours,
Vous m'appreniez ce qu'il faut pour être homme,
Mon vieil ami, conseillez-moi toujours.

Oh ! suivez-moi bien longtemps dans la voie
Qu'il m'eût fallu souvent seul parcourir,
Vieillard béni, que mon étoile envoie,
Soyez toujours là pour me secourir.

Contre le mal lutteur plein de courage.,
Vous n'aurez pas semé de vains discours,
Si votre cœur approuve son ouvrage...
Mon vieil ami, conseillez-moi toujours!

Quand le plaisir, dans une folle étreinte,
Vient m'enlacer, comment lui résister ?
En le suivant, je me ris de la crainte,
Du repentir, qui devraient m'arrêter.
Dans ces instants on s'ignore soi-même,
Si l'amitié ne prête son secours ;
Ah ! pour ne plus insulter ceux que j'aime,...
Mon vieil ami, conseillez-moi toujours.

Dans la forêt, le chêne séculaire,
Fier en sa force abrite un frêle ormeau,
Quand le ciel noir déchaîne sa colère,
De son feuillage il lui fait un manteau.
Libre de soins pour que l'âme s'épanche ;
De vos bienfaits n'arrêtez pas le cours,
Soyez l'abri de l'arbrisseau qui penche....
Mon vieil ami, conseillez-moi toujours.

Auguste LOYNEL.

LE PHILOSOPHE ÉPICURIEN.

AIR : *Georgette du village, etc.*

(Pré-aux-Clercs).

Francs amis d'Épicure,
Plus de fronts attristés.
Le Dieu de la nature
N'a-t-il pas dit : chantez ;
Chantez pour la vieillesse,
Tranquillité, bonheur.
Mon Dieu ! c'est la paresse,
Mon trésor, c'est l'honneur,

Amants, près de nos belles,
Soyons toujours galants,
Montrons aux plus rebelles,
Nos aimables talents.
Envions leur tendresse,
Ne volons pas leur cœur ;

   Mon Dieu, etc.

Pour la gastronomie,
Je suis un vrai luron,
Une table garnie,
Sans cesse m'a vu rond ;
Dans les flots de l'ivresse,
Je m'endors sans douleur.

   Mon Dieu, etc.

Les nœuds du mariage
Ont pour moi mille attraits ;
Du malheur en ménage,
Je ne crains pas les traits ;
L'amour, dans la détresse,
C'est déjà du bonheur.

   Mon Dieu, etc.

Je suis le philosophe,
De toutes les saisons,
Pauvre, ma mince étoffe
Ne peut plaire aux fripons.
Que me fait la richesse,
Que me fait la grandeur.
Mon Dieu, c'est la paresse,   } bis.
Mon trésor, l'honneur.

         Eug.-A. ETCHEVERRY.

LES
DERNIERS MOMENTS
D'UN CHANSONNIER.

AIR : *Bonsoir, adieu mes petits anges.*

En vain tout mon corps se débat
Sous la fièvre qui le consume,
Sur la paille de mon grabat
La Mort a dressé son enclume;
Pour braver ses coups furieux,
O fille du ciel je t'implore !
Folle Chanson, tes sons joyeux
Peuvent me ranimer encore.

Plus riant est mon horizon...
Les chants d'une jeune grisette
Percent à travers la cloison
De ma misérable chambrette;
Mon âme croit déjà des cieux
Entrevoir la brillante aurore.
Folle Chanson, tes sons joyeux, etc...

De ton culte, adepte fervent,
J'ai fait une constante étude,
Et de tes lois j'ai bien souvent
Maudit la froide rectitude;
Pourtant, près de fermer les yeux,
D'être un de tes fils je m'honore.
Folle Chanson, tes sons joyeux, etc...

Recueil où ma main a tracé
Des chants parfois bien démocrates,
Des beaux jours d'un lointain passé
Tous tes feuillets marquent les dates;

Par toi, de souvenirs pieux,
Mon cœur au moins se remémore.
Folle Chanson, tes sons joyeux, etc.

Des coups terribles du malheur
Protégeant mon insouciance,
Dans l'infortune avec chaleur
Toujours me soutient ta science,
Car, sous ton travail gracieux,
Tout sombre chagrin s'évapore.
Folle Chanson, tes sons joyeux, etc.

Grâce à toi mon trépas est beau,
Et je le crois digne d'envie,
A la mort j'arrache un lambeau
De quelques parcelles de vie :
Tes refrains rendent radieux
Des traits que le mal décolore.
Quoique mourant, tes sons joyeux,
Chanson, me font sourire encore.

Eugène LANGLOIS.

Quand on n'en a pas l'habitude.

AIR : *Dis-moi, Péters, par amitié.*

Ma femme me disait un jour,
Après vingt ans de mariage,
Pour toi commence mon amour ;
Profite de cet avantage.
Je le veux bien, dis-je ; et pourtant
La tâche me semble un peu rude. (*bis.*)
Ça doit être assez embêtant
Quand on n'en a pas l'habitude. (*bis*).

Un juif à qui l'on reprochait
Divers abus de confiance,
Plein de contrition disait :
Je veux purger ma conscience,
Je serai loyal maintenant
En tout, j'en ai la certitude.
Ça doit être, etc.

Un parfumeur, par un beau soir
En rentrant dans son domicile,
Étant ivre, se laissa choir
Au fond d'une fosse mobile ;
Du parfum le plus odorant
Il put alors faire l'étude.

Ça doit être, etc.

Ce factionnaire chagrin
Qui d'un air sombre nous regarde,
Vient d'apprendre par son voisin,
Que, tandis qu'il monte sa garde,
Sa femme reçoit un galant ;
Concevez son inquiétude ?

Ça doit être, etc.

En Afrique, un soldat chrétien,
Plein d'une amoureuse chimère,
D'un sérail pour être gardien
Offrit au Bey son ministère.
On le fit eunuque à l'instant
Pour le prix de sa servitude.

Ça doit être, etc.

Un certain rimeur de chansons,
Dès que le moindre abus le pique,
Sans craindre l'ennui des prisons,
Lance sa verve satirique.
Parfois, je veux en faire autant,
Mais je crains le sort de Latude.

Ça doit être, etc.　　　Auguste DESJARDINS.

LE BONHEUR DU TRAVAILLEUR.

Air *des Mineurs d'Utzel* (Ch. Gille).

A l'âge où vient l'expérience,
L'artisan devient courageux ;
Par la chanson, douce science,
Il se rit des jours orageux.
Quand paisiblement il s'amuse   *(bis.)*
A fredonner avec sa muse,

C'est la joie et le vrai bonheur } *(bis.)*
      Du travailleur.

Sous le sceau de la courtoisie
Tout n'est que riantes couleurs ;
Mais l'âme de la poésie
Devient sa guirlande de fleurs ;
Même dans ses rêves moroses
L'illusion sème des roses...

C'est la joie, etc.

Du riche engraissé de paresse
Il brave le blason moqueur :
A-t-il besoin de sa noblesse,
S'il a la noblesse du cœur ?
Sous le manteau de l'indigence
Être fier de sa conscience...

C'est la joie, etc,

Si l'on voit briller sous sa plume
Le miroir de la vérité,
C'est que pour le peuple il allume
Le flambeau de la liberté ;
Du feu sacré qu'elle recèle,
S'il fait jaillir une étincelle,

C'est la joie, etc,

Bientôt un amoureux présage
Lui trace un fertile chemin ;
Pour monter à l'autel du sage,
La Raison lui donne la main.
Adieu le plaisir éphémère !
Sa tendre épouse devient mère !
C'est la joie, etc.

Mais, comme ici-bas tout succombe,
Que demande le roturier ?
Ce n'est pas une riche tombe,
Ni le myrthe, ni le laurier :
C'est l'espoir qu'un ami sincère
Viendra lui fermer la paupière...
Pleurant la joie et le bonheur
   Du travailleur. P.-L. POTRON.

VIVE LA GAITÉ !

AIR : *Quand les bœufs vont deux à deux.*

REFRAIN.

Au son des lon, la, des flons-flons ;
Mes amis, que dans nos chansons,
 Notre muse, en liberté,
 Chante la folle Gaîté.

Que toujours dans cette enceinte
On supprime la contrainte
Pour la joyeuse chanson ;
Un refrain de chansonnette
Plaît à la jeune fillette,
Et réjouit le barbon. Au son, etc.

Ici point de front sévère ;
Il faut qu'on verse à plein verre
Pour animer la gaîté.

Le vin bannit la tristesse,
Et ce n'est que dans l'ivresse
Qu'on trouve l'égalité.   Au son, etc.

Venez, amis de la treille,
Chercher refrain qui réveille
Et réforme les abus.
Vénus, grâces à ses charmes,
Souvent provoque nos larmes,
Que sèche le bon Bacchus. Au son, etc.

Préférons notre existence
A la grandeur qu'on encense,
Car elle offre plus d'appas.
Pour moi, narguant la misère,
A monter je ne tiens guère,
Puisque la cave est en bas. Au son, etc.

Joyeux enfants d'Épicure,
Laissons aux grands la dorure
Et l'éclat de leurs blasons.
N'avons-nous pas pour richesse
L'amour de notre maîtresse,
Le bon vin et nos chansons ? Au son, etc.

Alphonse BONESTIN.

HUMBLE SUPPLIQUE

Adressée à sa Maîtresse

Par un Valet de Bonne Maison.

AIR : *Bonsoir, adieu mes petits anges.*

A votre chien quand je vous vois
Donner quelque douce caresse,
Lorsque le miel de votre voix
Sur lui s'épanche avec tendresse,

Rompant les liens trop étroits
Dont la servitude m'enlace,
J'ose d'un chien rêver les droits , }
Ah ! laissez-moi prendre sa place. } *(bis.)*

Du carrosse me bannissant
Votre vanité singulière,
Ainsi qu'un futile ornement
Me place, hélas !... à la portière;
Mais lui... bercé sur vos genoux,
Sur un doux coussin se prélasse,
L'ingrat !... il dort auprès de vous,   Ah ! etc.

De votre table en vain j'attends
Les débris après le service ;
Morceaux choisis et mets friands
Ne vont jamais jusqu'à l'office ;
Trompant mon palais délicat
De votre chien l'instinct vorace
Vient me priver du meilleur plat ;   Ah ! etc.

Sur votre sein, la nuit, le jour,
Il voit combler tous ses caprices,
Et de ce bienheureux séjour
Il connaît toutes les délices ;
Enfin, sans qu'il en soit jaloux
Votre adoration le place
Au rang d'un maître et d'un époux ;   Ah ! etc.

Pourtant, sous mon humble galon
Palpite un cœur comme le vôtre,
De l'habit la mince cloison
Seule, sépare l'un de l'autre ;
Pour votre chien, d'un joug honteux
Vous subissez la loi ;... de grâce,
Pour nous relever tous les deux,
Ah ! laissez-moi prendre sa place. A. MOREAU.

Typ. SOUPE, 18—20 , passage du Ponceau.

LES CHANSONS

ÉOLIENNES.

Par vos chants animez nos déserts,
    Brise folle,
  Fougueux enfants d'Éole;
Par vos chants animez nos déserts,
Hôtes mélodieux du royaume des airs.

  Fils du calme, esprit des tempêtes,
  Voltigez, passez sur nos têtes,
  Vous dont les luths capricieux
  Vibrent nuit et jour dans les cieux.
  Acteurs puissants, troupe folâtre,
  L'espace est votre grand théâtre,
  Dieu vous guide, immortels chanteurs.
Et la terre et le ciel seront vos auditeurs.
  Par vos chants, etc.

  Dans le feuillage prophétique
  Où bruit ta voix poétique,
  Frais Zéphir, qu'ils sont doux les chants
  Que nous redit l'écho des champs!
  Aux soupirs de sa mandoline
  On dirait que sur la colline
  L'Amour, pour charmer leur ennui,
Donne une sérénade aux wilis de la nuit.
  Par vos chants, etc.

  Là-bas, qui gémit dans la plaine?
  Oh! n'est-ce pas une âme en peine?
  On dirait le dernier soupir

D'un mourant qui va s'assoupir.
N'est-ce point l'appel d'un fantôme
Qui revient au mortel royaume
Pour guider au sombre séjour
Les maudits qui demain ne verront pas le jour?
Par vos chants, etc.

L'oiseau fuit sous l'éclair qui passe,
La foudre roule dans l'espace,
La brise expire au fond des bois,
L'ouragan fait gronder sa voix ;
Vaste et profonde frénésie,
Grande et sublime poésie,
Hymne qui jaillit solennel
Du clavier surhumain touché par l'Eternel !
Par vos chants, etc.

Vents des nuits à la voix profonde,
Nous aussi, fils d'un autre monde,
Nous avons des chants pleins d'appas,
De doux luths qui ne mourront pas ;
Mais toutes nos voix réunies
S'éteignent dans vos harmonies,
Comme un flot dans les océans,
Comme un solo d'enfant dans un chœur de géants.
Par vos chants, etc.

Souffles divins, bardes étranges,
Qui n'avez d'égaux que les anges,
Qui, dans la langue des esprits,
Lancez vos rythmes incompris ;
A vous les palmes du génie,
La royauté de l'harmonie,
A vous ; — ou de Dieu même, enfin ;
Le sceptre au traducteur de vos œuvres sans fin.
Par vos chants, etc.

L'atmosphère est votre domaine
Où flotte la machine humaine,

Et notre œil cherche à définir
Les problèmes de l'avenir ;
Quand l'homme espère, quand il doute,
Loin du rivage qu'il redoute,
Guidez nos esquifs incertains,
Pilotes du vaisseau qui porte nos destins.
Par vos chants, etc.

CONTENTEMENT PASSE RICHESSE.

Air : *Car l'eau coule pour tout le monde.*

Ici-bas chacun veut prouver,
Ah ! loin de moi cette manie !
Que le bonheur doit se trouver
Dans une bourse bien garnie ;
Amis, croyez-en ma chanson,
Amour de l'argent c'est faiblesse,
Conservons sur notre écusson,
Quoique vieille soit la leçon :
Contentement passe richesse !   (*bis.*)

Voyez ce petit savoyard
Au teint frais et couleur de rose,
Quel feu brille dans son regard !
Il rit, qu'elle en est donc la cause ?
Peut-être il possède de l'or !
Non, sa marmotte qu'il caresse,
Ce vin clairet qu'il tient encor,
Ce pain blanc, voilà son trésor !
Contentement passe richesse !   (*bis.*)

Ma maîtresse a de Frétillon
L'amour, la joie et le langage,
Grisette au gentil cotillon,

Fauvette par son doux ramage ;
Elle méprise des trésors,
Pour un cœur, pour une caresse ;
L'amour seul, en joyeux accords,
De sa bouche effleure les bords :
Contentement passe richesse !   (*bis.*)

Que vois-je ? un de nos vieux guerriers
Pauvre et couvert de cicatrices,
Une croix orne ses lauriers
Qui comptent trente ans de services ;
De maints combats le souvenir
Embellit sa noble vieillesse,
Son bonheur ne peut se ternir,
Il croit toujours en l'avenir,
Contentement passe richesse !   (*bis.*)

Lorsque pour la première fois
La jeune épouse devient mère,
Vers le ciel sa tremblante voix
Adresse une vive prière ;
Pauvre femme ! elle ne sait pas
Qu'un fils augmente sa détresse,
Mais il lui tend ses petits bras,
Son frais sourire a tant d'appas,
Contentement passe richesse !   (*bis.*)

Un jour, l'inexorable mort
Viendra terminer ma carrière,
J'irai sans crainte ni remord
Payer tribut à la poussière ;
En donnant on fait des heureux,
Amis, partagez mon ivresse,
Je serai pauvre, mais joyeux,
Disons tous, en fermant les yeux :
Contentement passe richesse !   (*bis.*)

G. Lecreux, *président.*

AUX DESPOTES

DU NORD.

Air *du Drapeau de la Liberté.*

Ah ! tremblez, tremblez sur vos trônes,
Monarques du ciel réprouvés ;
Dans vos modernes Babylones,
Les trois mots de mort sont gravés.
Déjà sur vous, sur votre race,
Dieu lève son bras irrité,
Le monde va changer de face :
Debout ! voici la Liberté.

La voici... fière, elle s'élance
Avec tous ceux que vous chassez ;
Elle est là, tenant la balance
Où vos forfaits sont entassés ;
Elle est là, heurtant à la porte
De chaque bouge ensanglanté :
C'est le prix du sang qu'elle apporte...
Debout ! voici la Liberté.

Dans vos champs, plus de vile plèbe,
Plus de captifs dans vos déserts :
L'esclave a déserté sa glèbe,
Spartacus a brisé ses fers.
Chassez, traquez dans vos campagnes
Le peuple partout révolté,
Il combattra dans les montagnes ;
Debout ! voici la Liberté.

A la foule en marchant grossie,
Les bras mutilés, en lambeaux,
La Pologne et la Gallicie
Font le compte de leurs tombeaux...

Le cri des peuples qui succombent
Là haut, toujours est écoulé ;
Un jour vient où les bourreaux tombent :
Debout ! voici la Liberté.

L'Italie en masse se lève
Contre d'indignes oppresseurs ;
L'Italie a repris le glaive
Rouillé par son sang et ses pleurs...
Malheur à qui met des entraves
Aux pas de la Grande-Cité !
Rome rend libres les esclaves ;
Debout ! voici la Liberté.

Debout, tyrans ; debout, parjures *,
Devant la justice de Dieu ;
Debout ! injures pour injures,
Pour le fer, le fer et le feu !
Et vous que le ciel favorise,
Voici le jour tant souhaité !
Debout ! peuples qu'on martyrise,
Debout ! voici la Liberté.

Ph. de MONTESSON.

MA BRUNE.

Air de *Marianne.*

L' général me nomma soldat sur le champ de bataille.

Puique vous voulez que je chante,
Pour obéir je chanterai
D'une brune autrefois piquante,
Bien malgré moi je médirai ;
  De ses revers,—De ses travers,

---

* Dans ce Couplet, comme dans toute la Chanson, l'auteur ne parle que des *despotes du Nord* et des peuples opprimés par eux.

Je parlerai, mais sans être pervers,
   Car, entre nous,—Je suis jaloux
De ne jamais m'attirer son courroux.
   Ne demandez pas à ma brune,
   Vous que je crois ambitieux,
   Une mèche de ses cheveux.....
     Elle n'en a plus qu'une.   (*bis.*)

   Cependant des cheveux d'ébène
   Folâtrent sur son cou ridé ;
   Grâce à l'ar', ma pauvre sirène
   Efface une calamité.
   Je dis encor—Que son trésor,
C'est sa perruque et son triple ressort ;
   Mais un galant—Trop exigeant
Demande-t-il une boucle en tremblant.
   Dans son dépit, alors ma brune
   Cherche encore à serrer les dents,
   Mais, hélas ! depuis bien longtemps
     Elle n'en a plus qu'une.

   Jadis au feu de ses prunelles,
   Plus d'un cœur s'enflamma soudain,
   Croyant des voûtes éternelles
   Entrevoir le flambeau divin;
   Mais, oh ! malheur !—Quelle douleur !
Un accident tempéra leur chaleur;
   Un Auvergnat—Qui la lorgna,
Dans un transport un beau jour l'éborgna.
   Or, les prunelles de ma brune
   Exercent encore leur pouvoir
   Le jour, mais dans lit, le soir...
     Elle n'en a plus qu'une.

   Des célébrités financières
   Elle reçut plus d'un cadeau,
   Des gardes-robes presque entières,
   Et même on lui vit un landeau.
   Avec le temps,—Cheveux et dents

Se sont enfuis ces bienheureux instants;
Les marabouts,—Châles-indoux,
De son armoire ont levé les écrous;
A la moindre chaleur, ma brune
Changeait de chemise au plutôt...
Aujourd'hui, comme l'escargot,
Elle n'en a plus qu'une.

Enfin, comme trois gastronomes
Autrefois elle se portait,
Où le dos s'arrondit en pommes,
L'embonpoint se manifestait;
Point de chiffon—De polisson,
Le naturel excluait le coton,
Et l'amateur,—Du fond du cœur,
Donnait toujours un signe approbateur;
La concavité chez ma brune
A remplacé le rebondi...
Ce qui ferait croire aujourd'hui
Qu'elle n'en a plus qu'une.

J. BAPTISTE.

L'ÉCHO.

Air de *la Femme du Prisonnier* (CHARLES GILLE).
Ou : *Amis du vin, de la gloire et des belles* (BÉRANGER).

Lorsque du soir la dernière heure sonne,
Il semblerait que le ciel réfléchit ;
Puis, tout se tait, et la feuille frissonne
Sous les baisers d'un vent qui rafraîchit.
Je vais alors sur la haute colline,
D'où je m'adresse à l'écho de là-bas...
Pour écouter, attentif, je m'incline,
Mais, c'est en vain : l'écho ne répond pas.

J'ai, jeune fou, voulu marquer ma trace
Sur cette sphère où nos jours sont comptés :

Pourtant, je sais qu'un coup de vent efface
Les vers qu'un luth peut avoir enfantés !
Écho, dis-moi, ma pauvre mandoline
Survivra-t-elle une heure à mon trépas?...
    Pour écouter, etc.

Avec du bronze ou du marbre, ou du plâtre,
A tout génie on dresse un piédestal :
Combien pourtant que la foule idôlâtre
Ont eu pour trône, un chevet d'hôpital !...
Oui ; mais leur muse, éloquente héroïne,
N'a point donné de baisers de Judas !...
    Pour écouter, etc.

L'aigle jadis avait dit à la France :
— « Tu grandiras, soleil des Nations!... »
Mais l'aigle tombe ! et le coq qui s'élance,
Vient éclipser de nobles fictions...
Écho, dis-moi comment, reine divine,
Du Panthéon put descendre aussi bas !...
    Pour écouter, etc.

Peuple géant, qu'as-tu fait de ta haine?
De ta grande âme et de tes bras nerveux !...
Pauvre lion qu'un vil pouvoir enchaîne,
Ton vieux sang mâle a-t-il perdu ses feux?
Est-il donc vrai que notre ère décline?...
N'aurions-nous plus d'hommes ni de soldats?
    Pour écouter, etc.

Fraternité ! noble reine qu'on prône,
Sous les drapeaux, rassemble tes sujets;
Saisis ton sceptre et monte sur le trône
Pour accomplir tes immenses projets !
Abrite-nous sous ton manteau d'hermine,
Dans ton creuset que tout soit refondu !...
Pour écouter, attentif, je m'incline,
Mais, cette fois, l'écho m'a répondu !

                Alexandre GUÉRIN.

COURAGE

A MON AMI CHARLES COSTE.

Air : *Ah! daignez m'épargner le reste.*

Eh ! quoi, tu brises tes pinceaux
Sous le dépit, ton front s'incline,
Tout furieux, de longs travaux,
Tu veux consommer la ruine?...
Arrête, hélas ! pauvre insensé,
L'arc-en-ciel suit de près l'orage,
Devant toi fuira le passé
Par quelques beaux jours effacé,
Mon pauvre ami, reprends courage.

A la porte de ton réduit,
Quand l'espérance est en vigie,
Que par la patience instruit,
Tu reprennes ton énergie ;
Travaille encore avec ardeur,
De l'art sonde chaque parage,
Pour qu'un jour, prix de ta faveur,
Il te divulgue sa splendeur ;
Mon pauvre ami, reprends courage.

Eh quoi! tu désespérerais
A vingt ans, au premier déboire,
Quand dans ce siècle de progrès,
De beaux talents meurent sans gloire?...
Si tu subis un froid accueil
Quand tu rêvais un doux suffrage,
La faiblesse est un sombre écueil
Qui peut naître de trop d'orgueil,
Mon pauvre ami, reprends courage.

Loin de moi la sotte pitié
Que la flatterie autorise !
Sache excuser mon amitié,
Si par trop rude est sa franchise ;

Car si toujours la vérité
A l'amour-propre fait ombrage,
Quand même il en est maltraité ;
Le sage aime sa nudité ;
Mon pauvre ami, reprends courage.

S'il arrive que, malgré toi,
De mes avis ton cœur s'irrite,
Le temps saura bien mieux que moi,
T'en démontrer tout le mérite.
La sage critique, toujours,
Met le conseil près de l'outrage,
Quiconque à son aide a recours,
Trouve en elle un puissant secours ;
Mon pauvre ami, reprends courage.

Que dis-tu de ce voyageur
Qui souffrit dans sa longue course,
De sa soif la brûlante ardeur,
Et meurt à deux pas d'une source ?
Quand tu blâmes cet indolent,
Tu fuis l'espoir comme un mirage
Près d'arriver au vrai talent ;
Pourquoi ton pas est-il plus lent ;
Mon pauvre ami, reprends courage.

Eugène LANGLOIS.

RICHE ET PAUVRE.

Air de *la Femme du Prisonnier*.

Contentons-nous de nos sombres retraites,
Dont les murs froids bornent les horizons,
Où le soleil n'échauffe point nos têtes,
Et n'atteint pas le toit de nos maisons.
N'envions pas des grands le sort prospère,
A leurs plaisirs, nous devons servir tous,
Car pour eux seuls, Dieu se montre bon père,
Les plus beaux jours ne sont pas faits pour nous.

Dans les salons où le luxe s'affiche,
Ne jetons pas un regard imprudent ;
Nous avons faim ; qu'importe donc au riche,
Qu'un malheureux meure en le regardant ;
Il n'entend point notre triste élégie ;
Il chante, il danse en ses plaisirs de fous,
Laissons, laissons continuer l'orgie ;
Les plus beaux jours ne sont pas faits pour nous.

Laissons passer l'arrogant en voiture,
N'arrêtons pas ses écarts insultants ;
C'est un tribut que lui doit la roture,
Et son blason nous l'impose en tout temps.
Livrons notre air, placé sur son passage ;
Nous n'avons rien dont il ne soit jaloux,
Que le mépris qu'on nous jette au visage,
Les plus beaux jours ne sont pas faits pour nous.

Découvrons-nous devant celui qui passe,
C'est un Crésus, il est gorgé de bien ;
Il est puissant, et pour lui dans l'espace,
Le pauvre peuple est compté comme rien :
Pourtant, pourtant dans notre cœur circule
Un sourd volcan qui nous ronge en courroux...
Mais, éteignons la lave qui nous brûle,
Les plus beaux jours ne sont pas faits pour nous.

Tournons les yeux vers une autre patrie,
Où le Roi-Dieu fait respecter ses lois ;
Où d'ici-bas, l'âme qu'on a flétrie,
Libre de joug, recouvre tous ses droits.
Régnez ici, monarques sans puissance,
Peut-être un jour nous régnerons sur vous ;
Le ciel connaît le vice et l'innocence,
Les plus beaux jours seront alors pour nous.

T. P.

Chez Durand, édit. de la *Chanson au XIXe siècle*,
Petite rue St-Pierre Amelot, 18, et rue Rambuteau, 32.

Braule et Margxand, imp. r. Jacques de Brosse, 8.

LES REFRAINS

DU CHANSONNIER.

Air : *vivent les Chansons grivoises* (CHARLES GILLE).

Comme au temps des gais trouvères,
Vrais amateurs de chansons,
C'est toujours du fond des verres
Que vous dictez vos leçons.
Le peuple veut vous connaître,
Allons, quittez le grenier :
L'ého redira peut-être
Les refrains du chansonnier.

Quand vous bercez la misère
Par vos refrains généreux,
Le pauvre dans sa chaumière,
Se croit déjà plus heureux.
En vain le sort parle en maître,
Pour lui, chanter c'est prier...
L'écho, etc.

Garde ta science occulte,
Insolent spéculateur,
Nous pratiquons un saint culte
Qui donne la paix du cœur.
Celui qui rend le bien-être
Doit-on jamais l'oublier ?
L'écho, etc.

Pourquoi ces clameurs fébriles
Contre nos modestes chants ?
Jamais ils ne sont stériles,
Nous récoltons en tout temps ;
Quand nous flétrissons le traître,

Malgré verrous et geôlier,
L'écho, etc.

Chante, avocat populaire,
Viens démasquer l'oppresseur ;
Et, dans ta sainte colère,
Va fouiller les plis du cœur !
Consulte notre grand maître
Qui de l'ordre est bâtonnier !...
L'écho, etc.

Le travailleur à l'ouvrage
Fredonne un refrain bien vieux ;
Jeune fille, au frais visage,
Redit des chants amoureux ;
Dans les fers, à sa fenêtre,
Chante encor le prisonnier !...
L'écho, etc.

Va, mélodieux poète,
Reprends ta lyre et tes chants ;
Si tu perds tes jours de fête,
Frappe du moins les méchants.
Et si tu n'as plus d'aurore,
Plus de zéphyr printannier...
Que l'écho redise encore
Les refrains du chansonnier.

G. LECREUX.

LE BLASON DU PEUPLE.

Air des Fous (BÉRANGER).

Nous n'avons pas vos équipages,
On ne voit pas autour de nous
D'insolents valets ou des pages
Montant des coursiers andaloux.
L'azur d'une riche armoirie

N'indique pas notre maison,
Le seul amour de la patrie,
Nobles, voilà notre blason.

Nous n'avons pas vos blanches dames,
Au teint toujours frais et vermeil,
Nos femmes sont de pauvres femmes
Que brûlent les feux du soleil.
Mais la vertige de l'ivresse
N'a jamais troublé leur raison ;
Leur âme est celle de Lucrèce :
Nobles, voilà notre blason.

Nous n'avons pas vos petits anges,
Vos enfants si blonds et si beaux ;
Nos fils ne portent pas de franges :
Leurs vêtements sont en lambeaux.
Mais sous le hâillon qui les couvre
N'habite pas la trahison ;
Ils n'iront point mentir au Louvre :
Nobles, voilà notre blason.

Suivant les traces de leurs pères,
Vos fils dégraderont leur nom ;
Cœurs taillés pour les grandes guerres,
Nos fils braveront le canon.
La mémoire des barricades
Charmait leur première saison ;
Plus grands, ils auront leurs croisades :
Nobles, voilà notre blason.

Pourquoi donc sur le prolétaire
Jeter un regard de dédain ?
Dans votre paisible atmosphère
L'orage peut gronder demain.
L'aurore de quatre-vingt-treize
N'a pas quitté notre horizon,
Et nous savons la Marseillaise :
Nobles, voilà notre blason.

P. DE MONTESSON.

LES DIEUX EN GOGUETTE.

Air : *Mon Colonel sera content* (du colonel).

Du nectar et de l'ambroisie
Les dieux s'étant lassés enfin,
Bacchus, tout barbouillé de lie,
Vint leur souffler la fantaisie
De quitter ce vieux jus divin,
Pour le remplacer par le vin.
On y goûte, il paraît suave,
De l'Olympe on fait une cave,
Chacun en demande à grands cris.
Hébé ne sait auquel entendre ;
Ganimède est prêt à se pendre ;
Voici les vins qu'ils ont choisis :

Jupiter voulait du tonnerre,
Et Neptune prend du bordeaux,
Momus a choisi le madère,
Et l'Amour, pour raison, préfère
Un vin qui trouble le cerveau,
Il demande du clos-vougeot.
Mars réclame du vin d'Espagne,
Apollon sable le champagne,
Ce vin l'enflamme et le séduit ;
Et Vénus, d'un air de décence,
Demande du vin de Constance,
Morphée a pris du vin de Nuit.

Comus dit qu'il aurait envie
De goûter du vin d'Avallon ;
Pluton veut du Côte-rôtie,
Cérès est pour le Malvoisie,
Et Junon choisit sans façon
Le vin royal de Jurançon ;
Minerve prend, en fille sage,

Celui qui vient de l'Hermitage;
Les Grâces sont pour le Roset;
Et le dieu de la médecine,
Pour une cause qu'on devine,
A pris du vin de Mercuret.

Caron choisit le vin du Rhône,
De ce fleuve le nom lui plaît;
Silène partout dit et prône
Qu'on doit aimer le vin de Beaune.
Quand, présageant un beau succès,
Melpomène prend du volnays,
Mercure, en courant, les invite
A boire du vin de Laffitte :
Ce jus leur trouble la raison.
Mais pendant qu'ils sont dans l'ivresse,
Vesta console sa vieillesse
Avec du Saint-Emilion.

De Plutus l'âme est réjouie
Par du vin de la Côte-d'Or.
Pomone enfin serait ravie
D'avoir du vin de Normandie;
Mais je crois, moi, qu'elle avait tort,
Car on n'en gaulait point encor.
Charmés de la liqueur perfide.
Promptement la cave se vide :
Chacun chante ou tombe endormi...
Mais, à la Discorde inhumaine,
On avait laissé le Surène.
Ah! n'en souffrons jamais ici!

P. J. Weber.

LA TOURTERELLE DU PRISONNIER.

Air *du Petit Pierre* (Ch. Régnard).

Pourquoi veux-tu fuir ma présence,

Pourquoi te soustraire à mes yeux ?
Ne crains pas que la médisance
Promène un bruit calomnieux.
Oh ! reste auprès de ma tourelle ;
Avec toi, je ne crains plus rien :
Viens, ô ma blanche tourterelle,
Tu seras mon ange gardien.

Viens, pour embellir ma retraite,
La parfumer de ton amour ;
Tous mes jours seront une fête,
Et je chérirai mon séjour.
Rapporte encore sur ton aile
Les chants qui me font tant de bien,
Viens, etc.

Quand au vent frisonne ta robe,
Ta robe à la blanche couleur,
Quand ton vol léger se dérobe
Aux pas furtifs de l'oiseleur ;
Celui qui te verrait si belle,
A ton cœur donnerait le sien,
Viens, etc.

Les vautours sont dans la vallée ;
Plusieurs de tes sœurs ont péri,
Et de la timide volée
Au hameau les méchants ont ri.
Dans mon cachot, je crains pour celle
Dont le cœur a touché le mien,
Viens, etc.

Ton âme est faite pour mon âme,
Comme l'air pour le jeune oiseau ;
C'est la faible et timide flamme
Qui devient un brillant flambeau.
Dans mon malheur sois-moi fidèle,
Je n'ai que ton cœur pour soutien.
Viens, etc.

Théodule PETIT.

CHANTONS TOUJOURS.

Air : *Trémoussez-vous, jeunes garçons* (RABINEAU).

Chantons, amis, chantons toujours,
    Et nos peines
    Seront vaines ;
Chantons, amis, chantons toujours,
Gaiement nons passerons nos jours !

Exempts d'une basse envie
De plaisir l'âme ravie,
Sur les sentiers de la vie
Eparpillons quelques fleurs ;
A notre douce folie
Que nul chagrin ne s'allie,
Chassons la mélancolie,
Bientôt fuiront les douleurs.
Chantons, etc.

Vous, riches, gras de paresse,
Que Plutus toujours caresse,
Quoique loin de la détresse,
Pourquoi ce front attristé ?
Votre esprit, sans nulle trêve,
Semble poursuivi d'un rêve ;
Restons pauvres sur la grève,
Mais gardons notre gaîté.
Chantons, etc.

Malgré toute différence,
Pour baume à notre souffrance,
N'avons-nous pas l'espérance
En un ciel moins irrité ?
Mais si demain l'esclavage

Pesait sur notre rivage,
Demain, brisant tout servage.
Reviendrait la liberté!
Chantons, etc.

Mais chut! car, dans sa tactique,
Thémis, d'un air emphatique,
Nous défend la politique,
N'attisons point son courroux;
Pèlerins, au mont Parnasse,
Craignez sa haine tenace,
Ne tombez point dans sa nasse,
On est mal sous ses verrous.
Chantons, etc.

Pourtant, restons dans la lice,
Employons notre malice
Pour critiquer la milice
De ces gens d'erreurs imbus;
Quand tout préjugé circule,
On peut sans le bras d'Hercule
De l'arme du ridicule
Déraciner les abus.
Chantons, etc.

Quand du Très-Haut la sentence
Vient finir notre existence,
Il n'est point de résistance
Contre un pareil jugement;
Sans qu'un fol espoir nous leurre,
D'échapper quand viendra l'heure,
Rions de celui qui pleure,
Puis, attendons-la gaîment.
Chantons. etc.

J. Lejetté.

QUÉQU' CHOS' DE COURT.

Air : *Ça va bon train.*

Dépêchons-nous, j' n'aim' pas qu' ça traîne,
Puisqu'il faut brailler un refrain ;
D'un' bell' chanson j' suis fort en peine,
On peut avoir beaucoup d'entrain
Et d'esprit n'avoir pas un brin.
Pour éviter la perfidie
De quelque mauvais calembourg,
Dans la peur que ça n' vous ennuie,   } *bis.*
J' vais vous chanter quéqu' chos' de court. }

Quand nous allions tirer not' loupe
Chez le Russe et chez l'Autrichien,
Que nos grognards faisaient la soupe
Avec du vieux ch'val et du chien
Dont ils se régalaient fort bien,
S'ils décimaient chaque puissance
A grands coups d' canon chaque jour,
Ils compensaient la différence
En prodiguant quéqu' chos' de court.

Fille à qui l'amour platonique
Offrirait ses chastes appas,
Défiez-vous de sa rubrique,
A ses discours ne croyez pas,
Souvenez-vous que, dans ce cas,
Le Champenois le plus bélitre,
Quand il vous dépeint son amour,
Allonge toujours son épître
Pour mieux cacher quéqu' chos' de court.

Tout l' mond' connaît bien l'aventure
Qui m'a fait rire si souvent :
Un certain paillard par nature
D'un' religieus' prit l'habill'ment
Et s'en alla droit au couvent.
Que d' victimes il aurait faites
Si la mère abbess', l' même jour,
N'avait pas, grâce à ses lunettes,
Vu qu'il portait quéqu' chos' de court.

Docteur, quand pour une fillette
On vous demande un radical,
Vous vous creusez longtemps la tête
A chercher la source du mal,
Qu'est souvent un' rencontre au bal ;
Et pour que c' mal enfin vous cède,
Après un immense détour,
Vous prescrivez un long remède,
Quand il faudrait quéqu'chos' de court.

Mais comm' je veux t'nir ma promesse,
J'arrêt' là mon luth polisson,
Le chef d'orchestre du Permesse
Vient de r'fuser, pour ma chanson,
De m' donner plus ample leçon.
Si ma muse vous égratigne,
Que votre indulgence, en ce jour,
Veuill' bien servir de feuill' de vigne
A mon sujet : Quéqu' chos' de court.

BAPTISTE.

L'ANGE DÉCHU.

(A BARTHÉLEMY).

Air *des Comédiens* ou de *la petite Margot.*

Barthélemy, que Némésis inspire,
Reprends ta lyre et ta verge de fer :
Sois digne encor du populaire empire,
Ange déchu, sauve-toi de l'enfer!...

Nous le savons, ta verve étincelante
Fut enchaînée en son rapide essor,
Puis, une main maigre, sèche et tremblante
Coupa ton aile avec des ciseaux d'or.

Ton large front courbé dans la poussière
Se rétrécit sous un joug flétrissant...
Mais, un matin, ta muse nourricière
De son lait pur vint rafraîchir ton sang.

Alors, d'un bond franchissant le Parnasse,
Tu ressaisis tes armes d'autrefois,
Puis tu chantas !... mais ta sourde menace
Répondit seule à ton immense voix.

A ton aspect si la foule recule,
Ne peux-tu pas la captiver demain?
Dis-lui comment il se fait qu'un hercule
Plus qu'un enfant trébuche en son chemin,

Soleil jadis, aujourd'hui pauvre étoile,
Ne laisse pas s'éteindre tes rayons ;
Sur ton passé pour attirer un voile,
Viens enfanter de nouveaux bataillons !

Barthélemy, que Némésis inspire,
Reprends ta lyre et ta verge de fer,
Sois digne encor du populaire empire,
Ange déchu, sauve-toi de l'enfer !

Toi qui chantais comme la foudre gronde,
Comme un lion rugit dans les forêts,
Lorsque ton luth recélait tout un monde,
Honteux, dois-tu mourir dans les regrets ?

De peur qu'un jour la gloire ne te frôle
En t'accablant d'un regard dédaigneux,
Barde géant, sois fidèle à ton rôle,
De la vengeance attise tous les feux !...

Scalpel en main, l'œil attentif et sombre,
Etudiant notre siècle effronté,
Dis au grand jour ce qui veille dans l'ombre,
Fais du tombeau jaillir la vérité !...

Va ! notre époque est un champ de broussailles
Où la faucille a droit de ravager !
De la pensée excite les batailles,
Sous tes drapeaux nous irons nous ranger !

Hâte l'effet de la sourde tempête
Qui fait vibrer plus d'un écho lointain ;
Après l'orage, un brillant jour de fête,
Aux sombres nuits succède un beau matin !...

Barthélemy, que Némésis inspire,
Reprends ta lyre et ta verge de fer,
Sois digne encor du populaire empire,
Ange déchu, sauve-toi de l'enfer !

Alexandre Guérin.

Beraué et Maignand, imp., rue Jacques de Brosse, 8.

www.ingramcontent.com/pod-product-compliance
Lightning Source LLC
Chambersburg PA
CBHW052152090426
42741CB00010B/2237